"En un momento cuando el hambre es[claridad práctica para evitar la confusi rables, es un placer ratificar la sabiduría Robert Morris habla, enseña y vive. N[der de la actualidad que exceda la fiabilidad y el amor genuino hacia las personas que tiene Robert, y usted no encontrará a nadie mejor para presentarle una amistad con el Espíritu Santo del Dios viviente".
—Jack W. Hayford, fundador y presidente de
The King's University

"He aprendido más acerca del Espíritu Santo con Robert Morris que con ningún otro pastor. Su perspectiva sobre este asunto tan importante nos motivará, enseñará y capacitará para recibir a la tercera persona de la Trinidad, así como para lanzarnos a una nueva etapa de adoración".
—Brady Boyd, pastor principal de New Life Church y autor de
Fear No Evil

"Demasiada controversia y confusión ha rodeado el tema del Espíritu Santo. De hecho, la mayoría de las personas simplemente no entienden del todo Quién es. En *El Dios que nunca conocí*, Robert Morris aclara de manera brillante los malentendidos y presenta al Espíritu Santo como alguien que usted querrá tener como su mejor amigo".
—Chris Hodges, pastor principal de Church of the Highlands en
Birmingham, Alabama

"*El Dios que nunca conocí* da una perspectiva transformadora al misterio del Espíritu Santo. Si usted tiene preguntas sobre el Espíritu Santo, el libro de Morris lo tranquilizará y le guiará a conocer y amar a nuestro consolador, ayudador y amigo".
—Craig Groeschel, pastor principal de LifeChurch.tv
y autor de *Sin filtro y Noviazgo*

"En *El Dios que nunca conocí*, mi amigo, Robert Morris, capta el poder espléndido, la amistad y el tesoro que Dios nos ha dado en la persona del Espíritu Santo. De forma eficaz desmitifica los malentendidos más comunes relacionados con esta parte de la Deidad y provocará en cada lector una pasión y amor más profundos hacia Dios. Independientemente de dónde esté usted en su caminar con Dios, este libro intensificará su relación con Él".

—Stovall Weems, pastor principal de Celebration Church en Jacksonville, Florida, y autor de *El despertamiento*

"El pastor Robert Morris describe al Espíritu Santo de una manera que no le hace querer huir de Él ni pensar que de algún modo este es la parte insignificante y espeluznante de la Trinidad. *El Dios que nunca conocí* hace un magnífico trabajo no solo al describir quién es el Espíritu Santo sino al hacerle desear más Su obra en su vida. Este es uno de los enfoques más equilibrados acerca del rol del Espíritu Santo que yo haya visto jamás. ¡Usted tiene que leer este libro!".

—Perry Noble, pastor principal y fundador de NewSpring Church

ROBERT MORRIS

El Dios que nunca conocí

CASA CREACIÓN
Para vivir la Palabra

Para vivir la Palabra

MANTÉNGANSE ALERTA;
PERMANEZCAN FIRMES EN LA FE;
SEAN VALIENTES Y FUERTES.
—1 CORINTIOS 16:13 (NVI)

El Dios que nunca conocí por Robert Morris
Publicado por Casa Creación
Miami, Florida
www.casacreacion.com
©2015, 2021 Derechos reservados

Library of Congress Control Number: 2014951582
ISBN: 978-1-62998-260-1
E-book ISBN: 978-1-62998-288-5

Desarrollo editorial: *Grupo Nivel Uno, Inc.*
Diseño interior: *Grupo Nivel Uno, Inc.*

Publicado originalmente en inglés bajo el título:
The God I Never Knew by Robert Morris
Published by WaterBrook Press
12265 Oracle Boulevard, Suite 200
Colorado Springs, Colorado 80921
Copyright © 2011 by Robert Morris
This translation published by arrangement with WaterBrook Press, an imprint of The
Crown Publishing Group, a division of Random House LLC

Nota de la editorial: Aunque el autor hizo todo lo posible por proveer teléfonos y páginas
de Internet correctas al momento de la publicación de este libro, ni la editorial ni el autor
se responsabilizan por errores o cambios que puedan surgir luego de haberse publicado.

Impreso en Colombia

24 25 26 27 28 LBS 9 8 7 6 5 4 3 2

Este libro está dedicado a dos de mis padres espirituales: el pastor Olen Griffing y el Dr. Jack Hayford, quienes me mostraron por medio de las Escrituras y sus vidas cotidianas que podemos tener una relación personal y vibrante con el Espíritu Santo y que las personas que creen en la persona y obra del Espíritu Santo pueden tener una doctrina sana, ser realmente humildes y ¡no raras!

Contenido

Parte 6: El lenguaje de la amistad

Parte 1: El Dios que usted necesita conocer

Agradecimientos

Quiero agradecer a las siguientes personas:

- Debbie, mi maravillosa esposa por 31 años, por ser mi mejor amiga en la Tierra y por demostrar estas verdades cada día.

- Los ancianos, personal y miembros de Gateway Church, por recibir estar verdades con tanto gozo y por caminar en ellas.

- David Holland, por trabajar conmigo en este proyecto y ayudarme a expresar estas verdades con claridad.

- Judy Woodliff, mi fiel asistente durante casi nueve años, que me animó a poner en blanco y negro estas verdades y quien ahora está con el Señor.

El Dios que nunca conocí

El toque en la puerta sorprendió a Irene Adkins. La bisabuela de 79 años no esperaba visitas. Una mirada cautelosa por la mirilla revelaba a un caballero bien vestido, con cabello canoso y un rostro que le resultaba un tanto familiar... algo en sus ojos y su nariz. Cuando abrió la puerta su certeza aumentó, el extraño definitivamente le recordaba a alguien, pero ¿a quién?

Le tomó un momento darse cuenta que el rostro del hombre realmente tenía un parecido extraño con el de alguien a quien ella conocía muy bien, ¡ella misma!

Terry, el hermano de Irene, quien ya tenía 73 años, había venido a visitarla de sorpresa. Era bastante asombroso porque Irene nunca supo que tenía un hermano.

Allá por 1932, en las profundidades de la Gran Depresión, una joven pareja inglesa, desesperada y confundida, desenganchó a un lado de la carretera su casa rodante, bastante desvencijada, y se fueron manejando. Después, la policía encontró dentro a tres niños pequeños y hambrientos. Irene, quien tenía 10 meses de edad, era la más pequeña. Los pusieron en hogares adoptivos separados y crecieron sin saber uno de la existencia de los otros. Mientras tanto, unos años más tarde, la joven pareja finalmente logró cierta estabilidad y tuvieron otro niño, su hijo, Terry.

Cuando Terry tenía catorce años, sus padres le revelaron el vergonzoso secreto. Le contaron de la situación desesperada en que se habían visto y la decisión dolorosa de abandonar al trío de bocas hambrientas que no podían alimentar. Poco después, Terry comenzó una búsqueda de por vida para encontrar a sus hermanos, sobre todo a la hermana a quien sus padres habían nombrado Irene. Buscó en vano durante casi 60 años. Entonces hubo un descubrimiento, se enteró del nombre de la agencia que había colocado a Irene y a sus hermanos en hogares adoptivos. No mucho después llegó el día, 3 de abril de 2010, cuando Irene Adkins descubrió al maravilloso hermano que nunca había conocido. Con el descubrimiento la desarraigada huérfana encontró una fuente de respuestas a las preguntas que había llevado en su corazón toda la vida.

Creo saber cómo se sintió Irene. Hace varias décadas, después de muchos años de luchar por vivir la vida cristiana e incluso trabajar "exitosamente" en el ministerio a tiempo completo, por fin descubrí al Dios que nunca conocí. Y con el descubrimiento no solo encontré la fuente de las respuestas a cada pregunta que había tenido, sino también un amigo querido. Alguien que ha enriquecido mi vida y la ha hecho más completa y emocionante de lo que yo jamás hubiera soñado posible.

Me refiero, por supuesto, a Dios—el Espíritu Santo.

UNA RELACIÓN ASOMBROSA

Yo asistía a la iglesia desde niño. Sin embargo, esa iglesia era parte de una denominación que evitaba, en lo posible, mencionar al Espíritu Santo. Los líderes de nuestra denominación lo trataban un poco como al tío medio loco que se aparece el Día de Acción de Gracias, una vez cada cierto tiempo, y aterroriza a todos con su conducta inapropiada.

Usted no puede evitar su parentesco con este tío, pero espera que, si usted no lo menciona ni le envía una tarjeta de Navidad, él se mantendrá lejos.

De hecho, hace muchos años, cuando me preparaba para irme de casa y asistir al instituto bíblico, mi pastor me dio un consejo de despedida. Hacía poco que yo había entregado mi vida a Cristo y ardía con el deseo de servirle. Así que esperaba ansioso qué palabra de ánimo me daría mi pastor al entrar en esta etapa de aprendizaje y preparación para el ministerio.

Su único consejo para mí fue: "Ten cuidado con la gente que habla del Espíritu Santo".

En aquel entonces yo no tenía mayor conocimiento, así que simplemente asentí y guardé su advertencia en mi mente. Ahora, después de

25 años de estar descubriendo qué persona tan maravillosa, amable, servicial, gentil y sabia es el Espíritu Santo; luego de desarrollar una amistad íntima con Él que ha hecho mi vida mucho mejor y más satisfactoria de maneras incontables; después de ver al Espíritu Santo ayudar y bendecir a las personas, me entristece recordar el consejo de mi pastor. Para ser sincero, me ofende.

Por supuesto, la mayoría de nosotros se ofende cuando la gente habla mal de alguien a quien amamos y respetamos; sobre todo, cuando la opinión se basa en mentiras o malentendidos. Estoy seguro que usted ha tenido la experiencia de escuchar cosas malas sobre una persona a través de terceros, formándose así una impresión negativa, para luego conocerla y descubrir que no es, en lo absoluto, la persona mala que usted había pensando.

Si usted es como la mayoría de la gente, es probable que le hayan informado mal acerca del Espíritu Santo, al menos en cierto grado. Después de más de 25 años de experiencia en el ministerio, he visto, de primera mano, que la mayoría de los cristianos tienen una visión distorsionada, imprecisa o incompleta del tercer miembro de la Trinidad. Es más, muchos creyentes frustrados están como lo estuvo Irene Adkins la mayor parte de su vida, completamente inconscientes de que una persona amorosa y maravillosa quiere conocerles y llenar sus vidas vacías con cosas buenas. Demasiada gente se ha resignado a una derrota perpetua en sus batallas contra la tentación o a dar tropiezos en la vida, tomando decisiones basados solo en que su razonamiento deficiente les guíe. Otros viven un cristianismo insípido e impotente, completamente opuesto al cuadro de la iglesia vibrante, vencedora y floreciente que nos muestra el libro de Hechos.

> La vida **DINÁMICA**, completa, que Jesús **PROMETIÓ** a los creyentes es una **CONSECUENCIA NATURAL** de una amistad íntima con Dios, el **ESPÍRITU SANTO**.

La vida dinámica que Jesús prometió a los creyentes es una consecuencia natural de una amistad íntima con Dios, el Espíritu Santo. Hoy tengo una relación extraordinaria con el Espíritu Santo, aunque no siempre fue así. Cuando terminemos de explorar este tema, usted comprenderá qué relación tan maravillosa puede tener con él también.

PARTE 1

¿QUIÉN ES ESTA PERSONA?

2

Consolador

Como muchas parejas de recién casados, Debbie y yo no teníamos muchas cosas al principio. Incluso aquellas posesiones que podíamos llamar *nuestras* eran, en su mayoría, cosas usadas que nos dieron nuestros padres.

Nuestra situación financiera mejoró después de unos años de matrimonio y un día Debbie me preguntó si me parecía bien que comprara un edredón nuevo. El que teníamos estaba tan desteñido y raído que era casi transparente. Hombre al fin, pensé que compraríamos sencillamente un edredón. Así que cuando fuimos de compras me quedé en *shock* cuando supe que el edredón que Debbie tenía en mente podría requerir que pidiéramos una segunda hipoteca sobre la casa. Claro, estoy exagerando, pero el edredón grande, esponjoso y colorido que compramos era mucho más lujoso y lindo de lo que yo hubiera imaginado.

A pesar del costo, estaba emocionado con nuestra nueva adquisición. El día que lo compramos me sorprendí a mí mismo, varias veces, imaginando cómo sería deslizarse bajo aquel edredón suave y estar bien calentito.

Cuando llegó la hora de dormir entré a nuestra habitación y, horrorizado, vi que el hermoso edredón nuevo no estaba. Con mi mejor voz de exasperación, y al mismo tiempo de desconcierto, le pregunté a Debbie: "Cariño, ¿dónde está el edredón nuevo?".

Ella me miró con aquella expresión, ya sabe, la expresión de "tú no puedes ser tan torpe". La verdad es ¡los esposos sí podemos ser tan torpes! Al percatarse de mi nivel de torpeza, Debbie explicó: "Ese edredón nuevo no es para usarlo. Es para lucirlo".

A lo largo de los años, después de esa noche, hemos acumulado muchos objetos caseros que he descubierto que son "para lucirlos" y no para usarse. Tenemos platos en los que no puedo comer y copas elegantes en las que no puedo tomar. Tenemos toallas hermosas que *usted* podría usar, si se hospedara en nuestra casa, pero *yo* no. De hecho, hay toallas que cuelgan en mi baño, ahora mismo, que no tengo permiso de usar.

Del mismo modo, a millones de cristianos se les ha dado un Consolador a quien tratan como si solo fuera para lucirlo. Si pensamos de esa manera, estamos equivocados. Se supone que el regalo maravilloso del Espíritu Santo signifique mucho más que un adorno en nuestras vidas.

LE PRESENTO AL CONSOLADOR

¿Quién es entonces el Espíritu Santo? Esa es una gran pregunta, tan grande como Dios mismo.

Cuando queremos conocer a alguien, a menudo el primer paso es que alguien que ya conozca bien a la persona nos la presente. Durante sus años de ministerio en la tierra, Jesús conocía al Espíritu Santo mejor que ningún ser humano. Así que quizá el mejor lugar para aprender sobre el Espíritu Santo comience con Jesús y las palabras que usó para presentar el Espíritu a los discípulos, según se narra en Juan 14.

Es útil saber que los capítulo del 14 al 16, del evangelio de Juan, contienen la narración de la conversación de Jesús con sus discípulos durante la Última Cena. Jesús no está enseñando en público a una gran multitud de seguidores ocasionales y observadores curiosos en una colina de Galilea. No está debatiendo con los fariseos ni hablando enigmáticamente en parábolas con los saduceos. En cambio, Jesús está ahora en una habitación pequeña, cenando con sus amigos más íntimos. Él sabe que en tan solo 12 Cortas horas lo condenarán a muerte en la cruz. En este momento increíblemente serio, un líder que sabe que está a punto de morir da instrucciones e información vitales para Sus seguidores.

Jesús comienza con palabras de consuelo: "No se turbe vuestro corazón, yo me voy, pero regresaré" (parafraseado). Entonces, en

Juan 14:16–17, Jesús llega al centro de lo que quiere que estos hombres entiendan:

> Y yo *rogaré al Padre, y El os dará otro Consolador para que esté con vosotros para siempre; es decir, el Espíritu de verdad, a quien el mundo no puede recibir, porque ni le ve ni le conoce, pero vosotros sí le conocéis porque mora con vosotros y estará en vosotros.*

No se obsesione con el hecho de que Jesús dice: "Y yo *rogaré* al Padre". Usar la palabra *rogar* de esta manera suena un poco rara a nuestros oídos modernos, pero la palabra griega que aquí se traduce como "rogar", significa "orar o pedir" en muchas otras partes del Nuevo Testamento. Jesús sencillamente está diciendo: "Le pediré al Padre y Él os dará otro Consolador".

Observe la palabra "Consolador". La persona que el Padre enviará parece misteriosa, pero Jesús les dice a los discípulos que el rol y naturaleza de esta persona es "consolar". Jesús también les asegura que el Consolador no será un total extraño. "Ustedes lo conocen", les dice Jesús.

¿Cómo podían conocer ya a este Consolador que vendría? Jesús lo explica

> La **VERDAD** de que el Espíritu Santo vive con nosotros y en nosotros **NOS ASEGURA** que **NUNCA** tenemos que sentirnos **SOLOS**.

diciendo: "porque mora con vosotros, y estará en vosotros". El verbo "mora" está en tiempo presente, mientras que la frase "estará en vosotros" es claramente tiempo futuro. En el momento en que Jesús hablaba, los discípulos habían experimentado al Consolador morando "con" ellos en cierta medida. Pero el Consolador estaba a punto de ser enviado de una manera que le haría no solo estar "con" ellos sino "en" ellos.

Aunque Jesús habló estás palabras a un pequeño grupo de Sus amigos y seguidores más íntimos, también son para nosotros. La verdad de que el Espíritu Santo vive con nosotros y en nosotros nos asegura que nunca tenemos que sentirnos solos.

La manera en que el Espíritu Santo ayuda

¿Qué tipo de "ayuda" ofrecerá el Espíritu Santo? Jesús da parte de la respuesta en Juan 14:25–26:

> Estas cosas os he dicho estando con vosotros. Pero el Consolador, el Espíritu Santo, a quien el Padre enviará en mi nombre, Él os enseñará todas las cosas, y os recordará todo lo que os he dicho.

Esta es la segunda vez que Jesús escoge la palabra "Consolador" para describir a Aquel que el Padre enviará. Aquí Jesús enumera dos de las muchas maneras en que esta Persona ayudará.

Primero, "enseñará todas las cosas". ¡Qué promesa tan increíble! No existe tema en el que Dios no sea un experto. Él tiene todas las respuestas. La segunda manera en que el Espíritu Santo ayuda: "os recordará todo lo que yo [Jesús] os he dicho". Esta es una de las razones por las cuales los evangelios son tan detallados y concuerdan tanto en cuanto a las palabras de Jesús. El Espíritu Santo ayudó a los discípulos a recordar todo lo que Jesús les había dicho.

Jesús debe irse

Un poco más adelante en esta conversación con los discípulos, Jesús hace la tercera mención de del Consolador que el Padre enviaría:

> Cuando venga el Consolador, a quien yo enviaré del Padre, es decir, el Espíritu de verdad que procede del Padre, Él dará testimonio de mí. (Juan 15:26)

Observe que Jesús le llama "el Espíritu de verdad". Jesús nos presenta al Espíritu Santo como la respuesta suprema para vencer y deshacer la obra de Satanás, el gran engañador y "padre de mentira" (Juan 8:44). Durante miles de años, desde la caída de Adán y Eva, la humanidad ha tropezado en la oscuridad de las mentiras del diablo. Entonces Jesús, quien declaró ser "el camino, *la verdad* y la vida" (Juan 14:6), anunció que pronto enviaría una ayuda que haría posible que viviéramos una vida libre de engaño.

En Juan 16, Jesús hace Su presentación más completa del Espíritu Santo para los discípulos. "Qué maravilloso será el que vendrá, es muchísimo mejor para ustedes si Yo me voy. Porque si no me voy, ¡Él no puede venir!". Así es como me gusta parafrasearlo, esta es la verdadera traducción:

> *Pero yo os digo la verdad: os conviene que yo me vaya; porque si no me voy, el Consolador no vendrá a vosotros; pero si me voy, os lo enviaré.*

Juan 16:7

Lo primero que siempre me sorprende cuando leo este pasaje es que Jesús se siente obligado a decir: "os digo la verdad". Él sabe que Sus palabras siguientes parecerían realmente increíbles a Sus discípulos. Los discípulos estaban apesadumbrados ante la idea de que Jesús se apartaría de ellos. Ellos lo amaban. Dependían de Él. Él era su líder hacedor de milagros. ¿Cómo podía ser posible que fuera bueno que Él estuviera a punto de irse? Enseguida Jesús explica que solo si Él iba al Padre, el Consolador sería enviado.

Luego sigue explicando otras maneras en las que el Espíritu Santo ofrecerá ayuda, y eso lo veremos en un instante. Ahora observe lo que dice Juan 16:12–14. Allí, Jesús, dice:

> *Aún tengo muchas cosas que deciros, pero ahora no las podéis soportar. Pero cuando Él, el Espíritu de verdad, venga, os guiará a toda la verdad, porque no hablará por su propia cuenta, sino que hablará todo lo que oiga, y os hará saber lo que habrá de venir. El me glorificará, porque tomará de lo mío y os lo hará saber.*

Estos versículos encierran una promesa maravillosa. Jesús quiere contar a los discípulos toda la historia maravillosa de lo que viene en el futuro, pero sabe que las verdades que quisiera revelarles, sencillamente, los abrumarían y confundirían en ese momento. No obstante, Él tiene buenas noticias para ellos. ¿Quién mejor para dar verdades importantes que el Espíritu de verdad? "Pero cuando Él, el Espíritu de verdad,

> ¿Cómo podía ser **POSIBLE** que fuera **BUENO** que Él estuviera a punto de **IRSE**?

venga, os guiará a toda la verdad", les dice Jesús. "Toda la verdad". Ese es un tremendo beneficio de la amistad con el Espíritu Santo. No es de extrañar que Jesús se refiera a Él como el Consolador.

Pero Jesús menciona otra manera más en la que el Espíritu Santo ayudará: "os hará saber lo que habrá de venir". Permítame decirlo un tanto diferente. Jesús está diciendo: "El Espíritu Santo les revelará el futuro". ¿Sería útil, de vez en cuando, saber lo que va a suceder dentro de poco? ¿Alguna vez le ha tomado algo por sorpresa y ha pensado *si tan solo hubiera sabido que esto iba a suceder, habría estado mejor preparado?*

Uno de los ancianos de la iglesia que pastoreo es un modelo maravilloso de alguien que permite al Espíritu Santo mostrarnos las cosas que vendrán. Steve hizo un negocio grande y exitoso en la súper competitiva industria de la construcción, debido, en gran parte, a pasar tiempo a solas con Dios regularmente y permitir que Su Espíritu lo dirigiera con respecto a su negocio.

Además de su estudio bíblico personal diario, adoración en privado y oración, para Steve es muy importante retirarse dos o tres veces al año, durante varios días cada vez. Alquila una cabaña o una casa cerca de un lago y lleva poco más que su Biblia y una libreta de notas. Su testimonio es que en estas sesiones de comunión privada, él siempre recibe instrucciones de parte del Espíritu Santo con relación a lo que viene por delante y cómo dirigir su negocio. Steve puede compartir un ejemplo tras otro donde una instrucción del Espíritu Santo, aparentemente ilógica, dio como resultado un logro provechoso. O de advertencias que le permitieron evitar pérdidas innecesarias o tomar malas decisiones al contratar personal.

> JESÚS está diciendo: "El Espíritu Santo LES revelará el FUTURO".

Sí, un rol clave del Espíritu Santo es llevarnos de manera sobrenatural a la verdad y revelarnos lo que viene por delante. No es de extrañar que Jesús se refiera al Espíritu Santo como el Consolador, ¡cuatro veces, en tres capítulos consecutivos! Las promesas en estos pasajes son absolutamente increíbles. En cada uno de estos cuatro ejemplos, la palabra griega que se traduce como "consolador" es *parakletos*.

Esta palabra griega solo aparece cinco veces en todo el Nuevo Testamento y acabamos de ver cuatro de ellas.*

Cuando un típico hablante o escritor del griego, en el primer siglo, usaba esta palabra, se refería a una persona que defiende su caso como un abogado ante un juez o alguien que va delante de usted para interceder ante otra persona a su favor. ¡Qué manera tan maravillosa de ver al Espíritu Santo y cómo Él es nuestro Consolador!

EN RESUMEN

El mensaje clave sobre el rol del Espíritu Santo es muy sencillo: Él me ayuda. Me ayuda a saber qué decir, cuando no tengo palabras. Me ayuda a saber cuándo hablar y cuándo mantener la boca cerrada.

Estoy seguro que usted puede pensar en situaciones en las que ambas ayudas serían muy bienvenidas. Por ejemplo, un amigo le cuenta un problema grave y usted no sabe qué decir para ayudarle ni cómo animarle. Entonces, de repente, un pensamiento le pasa por la mente, usted lo dice en voz alta y la persona dice: "¡Eso es justo lo que necesitaba escuchar!" Eso es lo que puede hacer el Espíritu Santo, darle exactamente las palabras que usted necesita decir.

A veces le dice qué *no* decir. ¿Le ha pasado alguna vez? Tal vez participó en una conversación con alguien que se emocionó un poco. Justo cuando usted estaba a punto de decir algo verdaderamente ingenioso, le viene un pensamiento de cautela: *No debería decir eso.*

Claro, el problema es que la mayoría de nosotros, de todos modos, decimos lo que estamos pensando. Y al final, siempre terminamos diciendo ¡no debí *haberlo dicho!* Esto pasa mucho en el matrimonio. Quizá usted llega a casa del trabajo, y aunque no lo sabe en ese momento, su cónyuge ha tenido un día difícil. Usted empieza a decir algo y el Espíritu Santo le da un empujoncito y le susurra: *Si fuera tú, Yo no hablaría de eso, amigo Mío.* A veces añade, *de hecho, si Yo fuera tú, la llevaría a cenar.* Si usted es inteligente, escucha y escoge sabiamente en ese momento. Si no es tan inteligente, como me pasa a mí a veces, ignorará el consejo y dirá lo que está pensando.

He aprendido a escuchar esa voz. He descubierto qué maravilloso es tener una ayuda.

---

* La quinta aparición de la palabra *parakletos* está en 1 Juan 2:1, donde dice: "y si alguno hubiere pecado, abogado tenemos para con el Padre, a Jesucristo el justo".

Tal vez usted se pregunte si el Espíritu Santo realmente nos habla de una manera tan clara. La respuesta sencilla es: sí. La verdad es que la mayoría de nosotros no tiene problemas con creer que Dios nos habla. Solo nos frustramos porque no sabemos exactamente qué está diciendo. Casi todos tenemos un deseo, incluso una desesperación, de escuchar con confianza la voz de Dios. ¿Quién quiere ir dando tumbos por la vida sin el beneficio de la dirección clara y de la paz interior que vienen de escuchar la voz de Dios? La buena noticia es que Dios tampoco quiere eso para nosotros.

Escuchar la voz de Dios es vital para salir de las zonas de comodidad y pasar a nuevos niveles emocionantes de efectividad.

Escuchar a Dios y responderle puede llevarnos a nuevos lugares de intimidad y propósito en Él.

Escuchar la voz de Dios comienza por reconocer qué miembro de la Trinidad tiene la tarea de hablarnos en esta etapa de la historia. Y es, por supuesto, el Espíritu Santo. El Padre está en el trono. Jesús está sentado a Su derecha y, según Hebreos 10:12–13, seguirá allí "esperando de ahí en adelante hasta que Sus enemigos sean puestos por estrado de Sus pies". Sin embargo, el Espíritu Santo está activo y presente, y tiene la orden de interactuar con nosotros en la Tierra hoy. Como acabamos de ver, Jesús se fue para que el Espíritu pudiera venir a nosotros y vivir *en* nosotros. Él nos lleva a toda verdad, nos muestra las cosas que vendrán, nos revela misterios celestiales y nos imparte dirección.

> Escuchar la **VOZ** de Dios es vital para salir de las zonas de **COMODIDAD** y pasar a **NUEVOS** niveles emocionantes de **EFECTIVIDAD**.

La razón principal por la que muchas personas no están seguras de si realmente pueden escuchar la voz de Dios es porque se han negado a involucrarse y aceptar al miembro de la Trinidad cuya función es hablarles.

Otras maneras en las que el Espíritu ayuda

Veamos Juan 16:8–11 (btx). En estos cuatro versículos, Jesús ofrece detalles adicionales sobre cómo el Espíritu Santo nos ayuda. De hecho,

Él menciona tres aspectos clave sobre el ministerio del Consolador. Veamos todo el pasaje y luego analicemos cada uno por separado:

> Y *cuando Él venga, redargüirá al mundo de pecado, y de justicia, y de juicio. De pecado, porque no creen en mí; de justicia, porque me voy al Padre y ya no me veréis más; y de juicio, porque el príncipe de este mundo ha sido juzgado.*

Redargüirá

Jesús menciona tres aspectos en los que el Espíritu Santo redargüirá al mundo: pecado, justicia y juicio. ¿Qué quiere decir Jesús con la palabra *redargüir*? Para nuestros oídos modernos, esta palabra evoca pensamientos de acusación criminal. Jesús está hablando de redargüir en el sentido de "fe" o "convicción". Es justamente eso, redargüir significa convencer. Y en este rol de ayudar, el Espíritu Santo convencerá al mundo de las verdades de Dios con respecto al pecado, la justicia y el juicio. Persuadirá a las personas de que ciertas cosas son verdaderas.

En el versículo 9, Jesús dice que el Espíritu Santo convencerá al mundo de "pecado, por cuanto no creen en mí". Necesitamos entender que cuando el Espíritu Santo convence a la gente de pecado, es decir, los convence de que el pecado gobierna sus vidas, ¡es algo bueno! Esta convicción es la única manera en la que las personas toman conciencia de que necesitan al Salvador. La verdad es que nadie cree en Jesús como Salvador sin tener primero la convicción de que necesita al Salvador. Esa es tarea del Espíritu Santo.

> **NECESITAMOS** entender que **CUANDO** el Espíritu Santo **CONVENCE** a la gente de pecado, ¡es algo **BUENO**!

Yo recibí la salvación en una habitación destartalada de un motel. Por supuesto, usted no tiene que estar en una iglesia para ser salvo. Después de todo, es probable que no muera en una funeraria. Es cómodo si sucede, pero es probable que no pase. Más que ninguna otra cosa, durante ese momento que cambió mi vida, en un motel en decadencia, recuerdo la convicción del Espíritu Santo. Yo había estado en la iglesia toda mi vida, pero en ese encuentro tuve la convicción competa y total, en lo más íntimo de mi ser, de que era un pecador y necesitaba a Jesús. Esa convicción fue el ministerio del Espíritu Santo y estoy más agradecido de lo que las palabras puedan expresar, que Él la haya traído a mi vida.

Piense en el momento en que usted fue salvo. ¿Recuerda la convicción, su abrumador sentido de necesidad? ¡Ese fue el Espíritu Santo llevándole a Jesús! De hecho, 1 Corintios 12:3 dice que "nadie puede decir: Jesús es el Señor, excepto por el Espíritu Santo".

Justicia

El Espíritu Santo también nos convence de justicia. Antes de explorar este ministerio particular del Espíritu Santo, necesitamos tener una comprensión clara de lo que significa la palabra *justicia*. Contrario a la creencia común, justicia no significa "conducta correcta". Tal vez usted incluso ha escuchado que se llama a alguien con altos estándares morales "una persona justa". Claro, es bueno tener altos estándares morales, pero eso no es justicia. En cambio, justicia significa tener una "buena relación" con Dios.

> Comprender que **USTED** ha sido **JUSTIFICADO** es un **REGALO** maravilloso.

Observe que este versículo no dice que el Espíritu Santo nos convencerá de la necesidad de una vida justa. Aunque una buena relación con Dios indudablemente conduce a una vida justa, ese no es el mensaje de Juan 16:8–11. Más bien, Jesús dice que el Espíritu Santo convencerá al mundo de justicia "porque yo voy al Padre". La razón por la que podemos tener una "buena relación" con Dios es porque Jesús fue al Padre, y está sentado a Su derecha como un recordatorio eterno de que nuestros pecados ya han sido pagados (vea Hebreos 10:8–14).

Cuando Jesús dice que el Espíritu Santo nos convencerá de justicia se refiere al hecho de que todos necesitamos estar convencidos que existe la justicia, incluso, que es posible tener una buena relación con Dios. Además, una vez nacemos de nuevo, el papel del Espíritu Santo es convencernos de que hemos sido justificados mediante la sangre de

Jesucristo. Él ayuda proporcionándonos confianza interior en la realidad maravillosa de 2 Corintios 5:21:

Al que no conoció pecado, [Dios] le hizo pecado por nosotros, para que fuéramos hechos justicia de Dios en Él.

Comprender que usted ha sido justificado es un regalo maravilloso. El Espíritu Santo le ayuda a estar completamente convencido de que usted tiene una buena relación con Dios y puede llegar a Su trono confiadamente y con la completa seguridad de que será recibido, bienvenido y aceptado por Él.

Juicio

Por último, el Espíritu Santo fue enviado para convencer al mundo de "juicio, porque el príncipe de este mundo ha sido juzgado" (Juan 16:11).

Para comprender este aspecto de la actividad del Espíritu Santo necesitamos saber a quién se refiere Jesús como "el príncipe de este mundo". Varios pasajes bíblicos establecen que está hablando de Satanás. Por ejemplo, en Juan 12:31, Jesús dice: "Ya está aquí el juicio de este mundo; ahora el príncipe de este mundo será echado fuera". En Juan 14:30, Jesús dice: "No hablaré mucho más con vosotros, porque viene el príncipe de este mundo, y él no tiene nada en mí". Claramente, este es el enemigo del que está hablando Jesús. Satanás era el príncipe de este mundo, pero fue juzgado hace dos mil años a través del sacrificio de Jesús y la subsiguiente victoria sobre la muerte, el infierno y la tumba. El Espíritu Santo nos convence de esta verdad cuando nos persuade de que el antiguo gobernante de este mundo, Satanás, ha sido juzgado y expulsado. Ya no tiene autoridad en nuestras vidas. Es un delincuente.

UNA COMPRENSIÓN ADECUADA

Es fácil malinterpretar y malentender el rol del Espíritu Santo. Acabamos de ver cómo el Espíritu Santo viene a *convencernos* de pecado, justicia y juicio. Pero muchas personas interpretan estos versículos como si el mensaje básico del Espíritu Santo fuera: "Usted es una persona terrible. Dios está enojado con usted. ¡Y le va a pasar la cuenta!".

¡Ese no es, para nada, el ministerio del Espíritu Santo! De hecho, ese es el rol de Satanás. La Biblia le llama "el acusador de nuestros hermanos" (Apocalipsis 12:10). Si usted se lo permite, Satanás hará que siga sintiéndose indigno de la aceptación de Dios y mal recibido en Su presencia recordándole cada oportunidad en que usted se ha equivocado.

El Espíritu Santo fue enviado para que estemos conscientes de que estamos perdidos y que necesitamos a Jesús; para llevarnos a Él y luego persuadirnos de que tenemos una buena relación con Dios a través de Él. Por último, convencernos que Satanás es un enemigo derrotado que ya no tiene autoridad sobre nosotros.

Cuando usted se abra al ministerio del Espíritu Santo, descubrirá que Él le ayuda en cada aspecto de su vida cristiana. Eso tiene sentido porque el Espíritu Santo es nuestro ayudador, pero es más que eso. También es nuestro amigo, algo que exploraremos ahora.

3

Amigo

Yo crecí en un pueblo pequeño de Texas. Como típica, pequeña comunidad norteamericana, mi pueblo tenía variedad de iglesias. También teníamos televisión cristiana. De niño, estas dos cosas me ofrecieron un buen contacto con diferentes corrientes del cristianismo.

Reconozco que mis observaciones superficiales y un tanto escépticas me llevaron a la conclusión, muy temprano en la vida, de que los cristianos que hablaban mucho sobre el Espíritu Santo, por lo general, caían en uno de dos grupos: uno en el que las mujeres no se ponían maquillaje y otro en el que, por lo general, se ponían demasiado maquillaje. Durante mucho tiempo supuse que cualquier mujer que decidiera que quería una experiencia más profunda con el Espíritu Santo se enfrentaría a un gran dilema y tendría que preguntarse: ¿Voy a dejar *de ponerme maquillaje o empezaré a ponerme más?*

LAS MENTIRAS EL ENEMIGO

Por supuesto que estoy bromeando, pero estos estereotipos en realidad existen y abundan entre mucha gente que ama a Jesús. Muchos están renuentes, de manera sincera, a aceptar la oportunidad de una relación transformadora con el Espíritu Santo debido a dichos estereotipos.

¿Quién cree que es el autor de tales conceptos equivocados? Es Satanás, el que quiere que usted piense que invitar al Espíritu Santo a su vida tiene muy poco que ver con amistad. Él es el enemigo que desearía convencerle que darle un papel más grande al Espíritu en su vida le convertiría a usted en una persona rara. Piénselo. Si la venida del Consolador, el Espíritu Santo, es en realidad algo maravilloso para los creyentes, ¿acaso no tiene sentido que el enemigo quisiera impedir que experimentemos dicha ayuda? A fin de cuentas, un aspecto de la obra del Espíritu Santo es convencernos de que Satanás ha sido juzgado y despojado de su autoridad. Entonces, ¿será realmente exagerado pensar que Satanás quiera impedir que recibamos esa convicción y actuemos en base a la misma?

Yo estoy convencido que una de las principales estrategias de Satanás para impedir que las personas experimenten la ayuda extraordinaria y los beneficios que vienen de una relación con el Espíritu Santo es convencernos de que hacerlo nos volverá raros, ¡raros de verdad!

Por supuesto, Satanás tiene mucha ayuda para afianzar esa mentira. El mundo tiene su dosis de gente verdaderamente excéntrica, y algunos de ellos son cristianos "llenos del Espíritu". Pero le tengo una noticia: ¡eran excéntricos antes de ser llenos del Espíritu! Ellos son así. Seguirían siendo raros aun si nunca hubieran sido salvos y en cambio se hubiesen dedicado a coleccionar monedas. Simplemente, serían excéntricos coleccionistas de monedas.

> El Espíritu Santo **NO ES UN EXCÉNTRICO.**

Las personas a veces hacen cosas extrañas y luego dicen que el Espíritu Santo les llevó a hacerlas. No lo hizo. El Espíritu Santo no es un excéntrico. Sé que lo que digo es verdad porque lo conozco bien. Somos buenos amigos.

Esta mentira del enemigo, en particular, nos hace más daño de lo que creemos. Por un lado vemos la evidencia bíblica de que el Espíritu Santo es una bendición y una gran ayuda. Por el otro, el enemigo nos muestra gente boba haciendo boberías en nombre del Espíritu. Por consiguiente, pensamos: *Este asunto del Espíritu Santo probablemente sea bueno, pero solo en dosis pequeñas. Es mejor no dejarse arrastrar.*

En esencia, le decimos al Espíritu Santo: "Está bien, abriré la puerta de mi vida unas pocas pulgadas para que puedas meter el pie. Pero no te voy a dejar entrar por completo porque quién sabe lo que vas a hacer. No confío en que te comportes bien".

¿Qué clase de insulto es ese?

¡No! El Espíritu Santo no es un extraño. Es una persona maravillosa, amable y sensible. Y una verdadera amistad con Él puede cambiar su vida.

BENEFICIOS ASOMBROSOS

Cuando el Espíritu Santo se convierte en su amigo, trae beneficios asombrosos a su vida. Veámoslos brevemente.

Poder

Hechos 1:8 dice: "pero recibiréis poder cuando el Espíritu Santo venga sobre vosotros". Es triste que muchos cristianos luchen todos los días para vivir su vida cristiana, y experimentan todo tipo de fracasos, precisamente porque tratan de vivirla según sus propias fuerzas. Son salvos, no obstante, viven vidas de derrota e ineficacia, mueren y van al cielo. Pero pasan toda su vida sin usar jamás el único poder que hace posible la vida victoriosa.

Amor

El famoso capítulo de la Biblia sobre el amor, 1 Corintios 13, está intercalado entre dos capítulos que tratan con los dones del Espíritu. Según Romanos 5:5, el Espíritu Santo hace posible que caminemos en el amor de Dios hacia los demás: "porque el amor de Dios ha sido derramado en nuestros corazones por medio del Espíritu Santo que nos fue dado".

Tal vez la razón por la que muchos cristianos luchan y fracasan para andar en amor es porque nunca abren sus corazones al Espíritu Santo, quien tiene el papel de derramar el amor de Dios dentro de ellos. El gran evangelista del siglo diecinueve, Charles Finney, describió su encuentro transformador con el Espíritu Santo de esta manera:

> El Espíritu Santo...parecía atravesarme, cuerpo y alma ... yo podía sentir la impresión, como una ola de electricidad, que me recorría. Sin duda, parecía venir en oleadas de amor líquido, porque no podría expresarlo de ninguna otra manera.*

---

* ChristianHistory.net, "Charles Finney: Father of American Revivalism," www.christianitytoday.com/ch/131christians/evangelistsandapologists/finney.html.

Para Finney, esta experiencia del amor de Dios, a través del Espíritu Santo, fue tan transformadora que al día siguiente renunció a su lucrativa carrera como abogado y comenzó a predicar a tiempo completo. Llegó a convertirse en uno de los predicadores más influyentes en la historia de nuestra nación.

Fruto

Según Gálatas 5:22, cuando permitimos al Espíritu Santo morar completamente en nuestras vidas, Él produce amor, gozo, paz, paciencia, benignidad, mansedumbre y muchas otras cosas buenas. De hecho, Pablo inicia este particular debate sobre el Espíritu Santo con las palabras: "Digo, pues: Andad por el Espíritu" (versículo 16). Y lo termina de la misma manera con las palabras: "Si vivimos por el Espíritu, andemos también por el Espíritu" (versículo 25).

Como pastor, a menudo encuentro personas que me preguntan el secreto para ser alguien con más paz, o paciencia, o mansedumbre, o bondad. Les digo que no es ningún secreto. Todas esas cualidades y más son resultados naturales de disfrutar de la presencia y comunión del Espíritu Santo. Eso es lo que quiere decir Pablo con "andar en el Espíritu".

Dones

El fruto del Espíritu es un don. Las cualidades que Él produce en nuestras vidas son como paquetes que vienen del cielo mismo, llenos de bendiciones, milagros y poder.

Los primeros creyentes del Nuevo Testamento (vea Hechos 2) que abrieron la puerta de par en par al Espíritu Santo ¡pusieron al mundo al revés! Miles vinieron al Reino, ocurrieron milagros y las vidas fueron transformadas dondequiera que iban. ¿Será de extrañar que Satanás se aterrorice ante la idea de que el pueblo de Dios se abra por completo a la ayuda del Espíritu Santo? No debiera sorprendernos que el diablo dé lo mejor de sí para que todo esto se vuelva una polémica.

> ¿Será de **EXTRAÑAR** que Satanás se **ATERRORICE** ante la idea de que el pueblo de Dios **SE ABRA** por completo a la ayuda del Espíritu Santo?

Sin embargo, el abuso o mal uso de los dones del Espíritu nunca debería ser motivo para que usted evite tener una experiencia total y un andar diario con el Espíritu Santo, porque usted no puede vivir una vida cristiana completamente productiva sin Él.

Recuerdo una historia que el comediante Bill Cosby contó sobre su madre. Ella había crecido en medio de una gran pobreza, y cuando Bill y sus tres hermanos eran pequeños, ella tenía que arreglárselas con el escaso salario de un ama de llaves mientras su esposo estaba en la marina. Años después, Bill se volvió un comediante exitoso y podía comprarle a su madre muchas cosas buenas, lo cual hizo. Pero ella no las usaba.

Por ejemplo, la mamá de Bill comía pan tostado todos los días en el desayuno, pero lo preparaba en su horno de gas, usando la parrilla. Eso demoraba mucho, era ineficaz y hasta peligroso. Bill le compró una tostadora muy buena que ella dejó en la caja y la puso sobre el refrigerador. Él supuso que a ella no le gustaba esa marca de tostadora, así que le compró otra. También se quedó en la caja, encima del refrigerador. En breve ella tenía tres o cuatro tostadoras nuevas, sin usar, guardadas allí.

Bill, ya molesto, finalmente le preguntó a su madre porqué se negaba a usar los regalos que él le hacía. Su respuesta fue: "Déjalos en el refrigerador, estoy acostumbrada a hacerlo a la antigua".

Así mismo responden muchos cristianos a los dones del Espíritu. Están cómodos haciendo las cosas a la antigua. Por lo tanto, sus vidas son mucho más difíciles y menos eficaces para el Reino de Dios de lo que podrían ser.

LA AMISTAD DEL ESPÍRITU

Perderse los dones que el Espíritu da es lamentable. Sin embargo, perderse Su amistad es algo trágico. Descubrí esta verdad de una manera inusual a principios de mi vida cristiana.

Cuando Debbie y yo nos casamos, yo no era un cristiano nacido de nuevo. Nueve meses después de tener a Debbie por esposa, hice a Jesús mi Señor y le experimenté como Salvador. Aunque fue un suceso poderoso y transformador, todavía tenía muchos asuntos emocionales que necesitaban sanidad y restauración. Por un lado, yo era una persona insegura e incluso sentía temor de las personas. Generalmente, daba una imagen de confianza, pero siempre era una fachada delgada de petulancia que cubría una autoestima muy baja.

Cuando nos casamos yo tenía terror a que Debbie me arrastrara a festejos navideños. Ella tiene una personalidad feliz y extrovertida por naturaleza, y siempre se iba a conversar con alguna amiga y yo me quedaba solo.

Al finalizar la noche, cuando nos subíamos al auto para regresar a casa, yo estaba enojado con ella. Ella no podía entender por qué. No sabía que había hecho algo malo porque, claro está, no lo había hecho.

Pero yo ponía un tono dramático en la voz y decía:

—¡Me dejaste!

—¿Qué quieres decir, Robert? ¡Yo estuve ahí toda la noche!

—Me dejaste. Me quedé solo...y la gente se me acercaba...y me hablaban. Fue terrible.

¡Y estamos hablando de un hombre adulto!

Sin embargo, algo extraordinario sucedió cuando comencé una relación verdadera, personal y dinámica con el Espíritu Santo.

> Algo **EXTRAORDINARIO** sucedió cuando comencé una relación verdadera, **PERSONAL** y dinámica con el **ESPÍRITU SANTO**.

Recuerdo la primera vez que fuimos a uno de esos temidos eventos sociales después de que comenzara mi amistad con el Espíritu Santo. Ahí estaba yo solo, parado con un vaso de ponche en la mano y pensando: *Me lo hizo otra vez. Allí está conversando y yo aquí, solo e indefenso.* Entonces escuché la voz del Espíritu Santo claramente dentro de mí que decía: *Yo estoy aquí, Robert, ¡y tú no estás solo!*

El Espíritu Santo y yo comenzamos una conversación, una de las primeras de muchas más de las que puedo contar. Esa noche, cuando el Espíritu me habló, mis ojos vieron a un hombre que estaba del otro lado de la habitación. El Espíritu Santo dijo: *¿Ves ese hombre? Recibió un informe muy malo del médico el otro día. Tiene miedo de morir y dejar abandonada a su joven familia. Puedes orar por él.* Y lo hice.

Luego vi a una mujer de cabello canoso y el Espíritu comentó: *Perdió a su esposo hace unos meses. Está luchando contra la soledad y una tristeza devastadora. Vamos a orar por ella.* En algún momento, un hombre se me acercó y comenzamos a conversar. En lugar de buscar una oportunidad para escaparme, le pedí al Espíritu Santo que me usara para bendecir o ayudar a esta persona. El Espíritu Santo me llevó a preguntarle sobre un aspecto de su vida que parecía bastante personal. No obstante, le obedecí y dije: "¿Le parece bien que...?" y mencioné lo que el Espíritu Santo me había revelado. El hombre me miró en shock durante unos instantes y luego comenzó a llorar. Tuve el modesto privilegio de orar por él y darle el ánimo que tanto necesitaba.

Lo que es más, no interactué con este caballero de una manera que me hiciera parecer raro a mí ni que le hiciera sentirse humillado a él. ¡Así no es el Espíritu Santo! Lo digo por mi experiencia con Él: Él es amable y gentil. Donde se le permita obrar, llegan el ánimo, la luz, la vida y la sanidad.

CÓMO HABLA EL ESPÍRITU

Un domingo yo acababa de terminar mi mensaje e invité a los que quisieran recibir a Cristo, o que necesitaran oración, a pasar al altar. Varias personas respondieron al llamado, pero mis ojos se posaron en un caballero en particular. Hasta donde sabía, nunca antes lo había visto y no había nada en la expresión de su rostro o su conducta que me indicara por qué pasaba al frente.

No obstante, mientras lo miraba, escuché la voz familiar del Espíritu Santo diciéndome algo. Por experiencia, sabía que el Espíritu solo revela estas cosas porque quiere sanar, restaurar, animar y bendecir. Así que me acerqué al hombre y le dije: "Caballero, mientras usted se acercaba, el Señor me dijo algo que quiere que usted sepa. Me dijo que usted se siente como el hijo pródigo porque ha estado lejos de Él durante mucho tiempo. Él quiere que le dé un mensaje de Su parte: 'Bienvenido a casa, hijo'".

De inmediato, los ojos del hombre se llenaron de lágrimas y cayó en mis brazos. En nombre del padre que salió a prisa para encontrarse con el hijo pródigo de la parábola de Jesús, le di un fuerte abrazo que mostraba, en términos tangibles, el abrazo amoroso, perdonador, que aguarda a cada persona que regresa a Dios.

Lo que yo no sabía era que esta era la primera vez que este hombre estaba dentro de una iglesia en casi 20 años. Según me contó después, se había criado en un hogar cristiano y le había entregado su vida a Jesús siendo niño. Su esposa, cristiana, había estado orando por él, pero él se había descarriado y huía de Dios hacía mucho, mucho tiempo. Como era de esperarse, el enemigo le había estado mintiendo y diciendo que Dios no lo recibiría si regresaba: *Has hecho demasiado. Has pecado demasiado. Dios se dio por vencido contigo.*

Estaba tan nervioso por su regreso a la iglesia que mientras manejaba hacia allá, se detuvo en un estacionamiento vacío. Cuando su esposa le preguntó qué pasaba, él se volvió y le dijo: "Soy como el hijo pródigo, pero no sé si Dios verdaderamente quiera que regrese. Tengo miedo". Con un poco de ánimo de parte de ella, él continuó en dirección al servicio. Y ya que el Espíritu Santo todavía habla, tuve el privilegio de darle una palabra muy específica y asombrosamente redentora de parte de un amoroso Padre celestial.

Cuando digo con certeza que el Espíritu Santo me habla, sé que, para algunas personas, eso también resulta raro. Cuando menos la gente se pregunta, ¿en verdad el Espíritu Santo habla de manera tan clara y directa?

> Y ya que el **ESPÍRITU SANTO** todavía **HABLA**, tuve el **PRIVILEGIO** de darle una palabra muy específica y asombrosamente **REDENTORA** de parte de un **AMOROSO** Padre celestial.

Antes, cuando exploramos esta pregunta brevemente, señalé que la respuesta sencilla es: sí. El Espíritu Santo quiere hablarnos claramente en la misma medida en que nosotros queremos escucharle claramente. Dicho esto, sin embargo, quiero darle algunas claves para escuchar la voz del Espíritu. Si usted sabe cómo habla, entonces puede saber cómo escuchar.

El Espíritu Santo habla por medio de Su Palabra

Primero, el Espíritu Santo es una persona. No debemos ver nuestra relación con Él como algo más complicado que la relación con cualquier otra persona. Cuando usted conoce gente nueva y quiere tener una relación con ellos, tiene que llegar a conocerles. Poco a poco conoce sus trasfondos, qué les gusta y qué no, sus hábitos, sus pasiones. Mientras más sabe de la persona, mejor la conoce. Lo mismo sucede con el Espíritu Santo.

¿Y si la persona que usted acaba de conocer hubiera escrito un libro sobre su vida? Si usted quisiera saber cómo es la persona, ¿no tendría sentido que leyera lo que la persona escribió? El Espíritu Santo fue quien inspiró cada palabra de la Biblia. Así que el punto de partida para una relación con Él es la Palabra. En sus páginas aprendemos cómo Dios anda, habla, piensa y actúa. A medida que leemos y estudiamos la Escritura, descubrimos Su personalidad y carácter. Si usted quiere llegar a conocer a Dios, tiene que leer Su Palabra.

> El Espíritu Santo fue quien **INSPIRÓ** cada **PALABRA** de la **BIBLIA**.

Derramar su corazón a Dios, en oración, es la manera en que usted puede hablar con Dios. Pero renovar su mente, mediante la lectura de Su Palabra, es la manera más básica en que usted puede permitir a Dios que le hable.

El Espíritu Santo habla usando Su voz

Además de hablar a través de Su Palabra, Dios también habla a las personas directamente. ¡Durante los últimos 2000 años, Él no ha guardado silencio para con Su pueblo! Hebreos 13:8 nos dice que Dios no cambia; Él "es el mismo ayer y hoy y por los siglos". Ya que esto es verdad, ¿por qué resulta tan difícil aceptar que Dios sigue hablándonos hoy?

El propio Jesús habló sobre la voz del Espíritu:

> *En verdad, en verdad os digo: el que no entra por la puerta en el redil de las ovejas, sino que sube por otra parte, ése es ladrón y salteador. Pero el que entra por la puerta, es el pastor de las ovejas. A éste le abre el portero, y las ovejas oyen su voz; llama a sus ovejas por nombre y las conduce afuera. Cuando saca todas las suyas, va delante de ellas, y las ovejas*

lo siguen porque conocen su voz. Pero a un desconocido no
seguirán, sino que huirán de él, porque no conocen la voz de
los extraños...Mis ovejas oyen mi voz, y yo las conozco y
me siguen.

Juan 10:1–5, 27

Cinco veces en estos versículos, Jesús se refiere o al pastor que
habla o a las ovejas que oyen la voz del pastor. Las ovejas no solo
escuchan Su Palabra; oyen Su *voz*. Nosotros somos las ovejas de Jesús,
y según su Palabra, podemos y debemos escuchar Su voz, la voz del
Espíritu. Cuando la escuchemos, debemos conocerla.

Debbie y yo nos casamos en 1980, pero nos conocíamos desde la
escuela primaria. De vez en cuando, ella me llama de un teléfono que
yo no reconozco en el identificador de llamadas. En esos casos, cuando respondo a la llamada y digo cautelosamente: "¿Aló?". Escucho
una voz del otro lado que dice: "¡Hola!".

Esa única palabra me basta. Mi voz e inflexión cambian enseguida a una expresión de afecto y familiaridad. Sin dudar, respondo:
"Hola, cariño. ¿Cómo estás?". Conozco la voz de mi querida esposa.
La he estado escuchando durante más de 30 años. Después de todo
el tiempo que hemos pasado juntos, hablando y simplemente viviendo,
conozco su voz mejor que la de nadie más en la Tierra.

Nosotros podemos conocer, así de bien, la voz del Espíritu. Podemos reconocer Su voz instantáneamente, sin lugar a duda, cuando
pronuncia nuestros nombres y nos da dirección o ánimo. Y no crea
que el Espíritu Santo solo habla a las ovejas "importantes" o súper espiritua-les del rebaño. Usted puede
conocer la voz de Dios y escucharla tan claramente
como la escucha el evange-lista más famoso.

> **NOSOTROS** somos las **OVEJAS** de Jesús y, según Su **PALABRA**, podemos y debemos **ESCUCHAR** Su **VOZ**, la voz del Espíritu.

Podemos ir valientemen-
te al trono de Dios mediante el acceso comprado para nosotros a través de la sangre de Jesús. Y al escuchar Su respuesta podemos llegar
a conocer Su voz porque Jesús envió al Espíritu Santo a hablar en

nombre del Padre y del Hijo. Cada vez que usted se encuentra con alguien que realmente conoce la voz de Dios, rápidamente se da cuenta que esa persona ha pasado mucho tiempo con Él. Estar en la presencia de Dios: morar allí, vivir allí y escuchar allí, es la manera de practicar el escuchar la voz de Dios.

En las primeras fases de este proceso de aprendizaje, muchos creyentes dicen que la voz del Espíritu se parece mucho a sus propios pensamientos o su conversación interior. Esto tiene un motivo. Cuando el Espíritu Santo quiere llevarle un mensaje, tiene que comunicarse con su espíritu humano nacido de nuevo y de ahí a su mente.

Así que no es probable que usted escuche una voz audible. En cambio viene como un *pensamiento*. De modo que es fácil cuestionar si el mensaje es su propio pensamiento o algo que el Espíritu le está diciendo.

No **CREA** que el Espíritu Santo **SOLO** habla a las **OVEJAS** "importantes" o **SÚPER ESPIRITUALES** del **REBAÑO**.

Sin embargo, con el tiempo y la familiaridad, usted puede aprender a distinguir claramente entre sus propios pensamientos y aquellos que vienen del Espíritu. El Pastor todavía habla a Sus ovejas, las llama por su nombre. Siga pasando tiempo con Él para que la próxima vez que susurre, *hola*, en su oído, usted no tenga que mirar al identificador de llamadas. Sabrá enseguida que Dios le está hablando. Mientras más escuche, reconozca y responda a Su voz, más fácil será escucharle cada vez que hable.

Qué maravilloso privilegio tener al Espíritu Santo con nosotros y en nosotros. Él puede ser un amigo de confianza que quiere mejorarlo todo. Y, como estamos a punto de descubrir, la oportunidad de tener a este miembro de la Trinidad como un amigo siempre presente es un privilegio que va más allá de toda comprensión humana.

4

Dios

¿**R**ecuerda la historia que le conté antes, sobre las últimas palabras de consejo que me dio mi pastor, cuando me iba para el instituto bíblico? Él me dijo: "Ten cuidado con la gente que habla del Espíritu Santo".

No es que quiera meterme con él, aunque he mencionado sus palabras dos veces. Sé que era un buen hombre y que amaba al Señor. Y no tengo duda de que si le hubiera preguntado si él creía que el Espíritu Santo era un miembro de la Trinidad, tan "Dios" como el Padre o el Hijo, él hubiera respondido instantáneamente: "¡Claro que sí!".

Sin embargo, sus palabras de advertencia decían algo en cuanto a su actitud. En un sentido muy real, es como si me hubiera dicho: "¡Ten cuidado con la gente que habla de Dios!". De hecho, cuando yo era niño, la tradición de nuestra iglesia tenía la tendencia a saltarse los versículos de la Biblia que se referían al Espíritu Santo y Sus dones. Y por alguna razón, nunca estudiábamos muchos capítulos del libro Hechos. Tal vez su iglesia era así también.

Si ese fuera el caso, es posible que usted no vea al Espíritu Santo completamente como Dios. Sin saberlo, usted ha aceptado la enseñanza sutil e incorrecta de que el Espíritu Santo es una especie de miembro de segunda clase de la Trinidad.

De cierto modo, nada de esto debería sorprendernos porque el Espíritu Santo nunca habla de Sí mismo ni busca llamar la atención. El Espíritu Santo solo quiere hablar de Jesús y ver al Hijo exaltado. Cuando Jesús presenta el Espíritu Santo a Sus discípulos en Juan 16, les dice: "Él me glorificará, porque tomará de lo mío y os lo hará saber." (Versículo 14). Dicho con otras palabras, una parte importante de la misión del Espíritu Santo es revelar las cosas celestiales que glorifican a Jesús. ¿Verdad es que maravilloso?, dice el Espíritu Santo, *Su vida terrenal fue tan asombrosa, Su sacrificio tan grande; Su victoria fue tan abrumadora; Jesús es tan digo de gloria, honor, poder y dominio.*

Sin embargo, aunque el Espíritu Santo no hace alarde de Sí mismo, no debiéramos pensar que no es un miembro completo e igual de la Deidad. Él es la tercera persona de la Trinidad. El Espíritu Santo es Dios.

LA ESCRITURA HABLA DE LA TRINIDAD

A lo largo de la Biblia hay versículos que apuntan a la Trinidad, mostrando al Padre, al Hijo y al Espíritu Santo en el mismo versículo. Veamos algunos de ellos.

Anteriormente examinamos Juan 14:16, donde Jesús dice: "Y yo rogaré al Padre, y Él os dará otro Consolador para que esté con vosotros para siempre". Aquí el *Hijo* le pide al *Padre* que dé al *Espíritu Santo*. Varios versículos después, leemos una descripción similar: "Pero el Consolador, el Espíritu Santo, a quien el Padre enviará en mi nombre, Él os enseñará todas las cosas, y os recordará todo lo que os he dicho" (versículo 26). El *Padre* enviará al *Espíritu Santo* en el nombre del *Hijo*.

En Juan 15, Jesús dice: "Cuando venga el Consolador, a quien yo enviaré del Padre, es decir, el Espíritu de verdad que procede del Padre, Él dará testimonio de mí," (versículo 26). El *Consolador (el Espíritu)* será enviado del *Padre* para testificar de *Jesús (el Hijo)*.

Estoy seguro que usted puede ver el patrón. Padre, Hijo y Espíritu, uno y a la vez tres, trabajando juntos.

Este patrón aparece en toda la Escritura. Por ejemplo, en Lucas 3, leemos el relato del bautismo de Jesús: "y el Espíritu Santo descendió sobre Él en forma corporal, como una paloma, y vino una voz del cielo, que decía: Tú eres mi Hijo amado, en ti me he complacido" (versículo 22). En un mismo instante, el *Espíritu* desciende sobre el *Hijo* mientras que el *Padre* pronuncia un mensaje audible de aprobación y alabanza. Y hablando de bautismo, en Mateo 28:19, encontramos parte de las últimas instrucciones de Jesús a Sus discípulos antes de Su ascensión: "Id, pues, y haced discípulos de todas las naciones, bautizándolos en el nombre del Padre y del Hijo y del Espíritu Santo".

El testimonio de la Escritura es que el Espíritu Santo es un miembro completo e igual de la Trinidad. El Espíritu Santo no es una fuerza, ni una cosa, ni un algo. El Espíritu Santo es Dios en una de Sus tres personas. Es penoso tratarlo como una especie de idea celestial tardía o una categoría inferior de ser sobrenatural que podemos optar por ignorar. Evalúe seriamente Hechos 5, donde tenemos el relato del apóstol Pedro, cuando revela el engaño de Ananías y Safira. En el versículo 3, Pedro dice: "Ananías, ¿por qué ha llenado Satanás tu corazón para mentir al Espíritu Santo, y quedarte con parte del precio del terreno?". Observe ahora las palabras que salen de boca de Pedro en el versículo siguiente: "No has mentido a los hombres sino a Dios" (versículo 4).

Sí, cuando usted le miente al Espíritu Santo, le miente a Dios.

NOS CONECTA CON EL PADRE Y EL HIJO

Es probable que a estas alturas usted esté preguntándose por qué estoy pasando tanto tiempo tratando de demostrar que el Espíritu Santo es parte de la Trinidad. Estoy demorándome en esto porque es fácil que reconozcamos en nuestra mente que el Espíritu Santo es Dios; sin embargo, mostramos una creencia muy diferente en nuestras acciones y actitudes. Mientras más comprendamos qué persona tan maravillosa, útil y asombrosa es el Espíritu Santo, más entenderemos que tener actitudes incorrectas hacia Él es algo trágico y ofensivo.

Mi experiencia del Espíritu Santo siempre ha sido la de una Persona que busca maneras de ayudar a los que sufren y conectarlos con un Padre que los ama y con el Salvador que murió por ellos. Aquí tiene un ejemplo de lo que estoy diciendo.

Recuerdo una ocasión cuando me invitaron a una iglesia donde no conocía a nadie de la congregación. Estaba sentado en la plataforma, esperando para hablar. Mientras cantábamos y adorábamos, miré a las personas y mis

> En ese **INSTANTE** escuché la **CONOCIDA** voz del Espíritu Santo que **ME DECÍA** algo sobre ella.

ojos se detuvieron en una mujer en particular. En ese instante escuché la conocida voz del Espíritu Santo que me decía algo sobre ella. Cuando me tocó predicar caminé al púlpito y le hablé directamente. "Señora, ¿podría ponerse de pie un momento?", le dije. "Cuando estábamos adorando, el Espíritu Santo me señaló hacia usted. Me dijo: 'Robert, ¿conoces su pasado?' ".

Cuando dije eso, el rostro de la señora se transformó y ella comenzó a mirar al suelo. Pero yo no había terminado. Le dije: "Sí, el Espíritu Santo me preguntó si yo conocía su pasado y yo le dije: 'No, Señor, no lo conozco'. Y el Espíritu Santo de inmediato dijo: "Eh...yo tampoco'".

En eso ella levantó la cabeza y comenzó a sonreír. "Señora, yo sé que Dios lo sabe todo. Pero Él me dijo que le dijera que ha decidido no recordar su pasado. Él lo ha olvidado. Y dice que llegó la hora de que usted haga lo mismo".

Ella lloraba y reía, al igual que muchos de sus amigos en la congregación.

Creo que esta historia encierra la esencia del Espíritu Santo. Él valora demasiado el sacrificio extraordinario que hicieron el Padre y el Hijo para proporcionar perdón por nuestros pecados, como para permitir que uno de sus hijos viva en una vergüenza innecesaria. El Espíritu Santo es una persona amable, compasiva, maravillosa y sensible. Y es Dios.

PARA RESUMIR

¿Qué le está diciendo el Espíritu Santo a medida que exploramos quién es? ¿Cuál es el estado de su relación con Él? Permítame desafiarle a hacer una evaluación honesta de lo que hay en su corazón. Tenga el valor de hacerse algunas preguntas directas.

¿Tiene usted un poco de temor al Espíritu Santo? ¿Ha visto algunos malos ejemplos, mal uso o abuso, que le han provocado cerrar su corazón al ministerio del Espíritu Santo? ¿Han hecho que usted retroceda cuando siente la presencia o guía del Espíritu Santo?

Si es así, le animo a comprender tres verdades antes de que prosigamos en esta jornada: (1) el Espíritu Santo fue enviado para ser su ayudador, (2) Él quiere ser su amigo íntimo, y (3) la verdad que hace esas dos declaraciones más asombrosas que todo es que: Él es Dios.

PARTE 2

¿CÓMO ES ESTA PERSONA?

Su personalidad

Tengo una silla favorita. Realmente me gusta. Pero a la silla no le sucede lo mismo. De hecho, no puedo tener una relación con ésta.

Observe que llamé a mi silla "ésta". La mayoría de nosotros aprendimos en nuestras primeras clases de idioma que el pronombre *este/ésta* se refiere a algo que no es una persona. Sin embargo, a menudo las personas usan este pronombre cuando hablan del Espíritu Santo. ¿Cuántas veces usted ha escuchado a alguien decir algo como "el Espíritu Santo es *algo* así como el viento" o "necesitamos más de *este* en nuestras vidas"?

Este tipo de lenguaje revela una mentalidad que dice que el Espíritu Santo no es una persona sino, más bien, una especie de fuerza impersonal. Ese es un punto de vista común. De hecho, se han establecido sistemas teológicos completos sobre la premisa de que el Espíritu Santo no tiene carácter de persona. Incluso en los primeros siglos de la iglesia, un movimiento hereje llamado arrianismo negó la condición de persona del Espíritu Santo. En nuestros días, la secta de los Testigos de Jehová cree lo mismo.

Sin embargo, este punto de vista presenta un problema grande. Si usted no ve al Espíritu Santo como una *persona*, nunca desarrollará una relación *personal* con Él. ¿Por qué? Porque usted no desarrolla una relación personal con una cosa u objeto. Nunca he pensado en hablar de mis sentimientos con mi silla favorita, y nunca he iniciado una conversación con un árbol del patio.

Solo podemos experimentar los beneficios maravillosos y las ale-
grías que vienen de una amistad con el Espíritu Santo cuando com-
prendemos completamente que Él es una persona.

¿Un nombre o un rol?

A mí me gusta reflexionar. Paso mucho tiempo pensando en por qué
a la gente le resulta fácil ver al Padre o a Jesús como personas y, aún
así, consistentemente, piensan que el Espíritu Santo es una cosa. Como
sucede casi siempre que me pongo a pensar en estos asuntos profundos,
me vinieron algunas ideas para ayudar a Dios a mejorar Sus métodos.
Se me ocurrió pensar que la razón por la que algunas personas no ven
al Espíritu Santo como persona está en Su nombre *el* Espíritu Santo.

Así que le dije: "Señor, estaba pensando que tal vez hubiera sido mejor
si el tercer miembro de la Trinidad hubiese tenido un nombre como Guillermo. Si hubiera tenido un nombre común y corriente podríamos decir:
'Voy a buscar el consejo de Guillermo en este asunto', en lugar de decir
con tono religioso: 'voy a buscar la guía del Espíritu Santo'".

Mientras más pensaba en esto, más brillante me parecía. Si se adop-
tara este plan, muchas iglesias formales le llamarían "don Guillermo"
y así les parecería más adecuado. Las iglesias un poco más abiertas
podrían decirle Willy". Mi idea tendría opciones para todos y pondría
fin a la tendencia de ver al Espíritu Santo como una cosa.

Claro, estoy bromeando. Pero mi broma tiene una raíz que encierra una verdad seria: los nombres que usamos para referirnos a los
tres miembros de la Trinidad pueden contribuir a la confusión sobre
el carácter de persona del Espíritu Santo. Sin embargo, el término *el
Espíritu Santo* no es un nombre. Es una descripción de Su rol, así
como el *Padre* y el *Hijo* describen roles específicos. Estas palabras describen las funciones de los tres miembros de la Trinidad: "Dios, el
Padre", "Dios, el Hijo" y "Dios el Espíritu Santo". Parte de la confusión viene porque desde luego, los términos *padre* e *hijo* nos hacen pensar en personas pero el término *espíritu*, no.

¿Qué es condición de persona?

Si queremos tener una verdadera amistad con el Espíritu Santo, tenemos que deshacernos de nuestra confusión y comenzar a ver a Dios el
Espíritu Santo como una persona.

¿Cómo podemos estar seguros que Él es una persona? Bueno, ¿cómo sabemos que alguien es una persona? ¿Qué le da la condición de persona? Algunos podrían decir: "Una persona tiene vida". Bueno, un árbol también tiene vida, pero hasta donde sé, un árbol no es una persona.

Permítame darle primero una definición sencilla de la condición de persona y luego continuar con una definición un tanto más compleja. Dicho de manera sencilla *una persona* es un ser con *personalidad*. Todas las personas muestran los rasgos de una personalidad. Si algo no tiene personalidad, no es una persona, según entendemos el término.

Ahora, permítame presentarle una respuesta más compleja. Una persona es un ser con alma.

Resulta interesante, pero la idea de que Dios tenga alma puede parecer un poco rara. Sin embargo, la Escritura nos dice que sí la tiene. En Mateo 12:18, Dios el Padre habla de Jesús y dice: "Mirad, mi Siervo, a quien he escogido; mi amado en quien se agrada mi alma". ¡Está muy claro! Puede que no pensemos que Dios el Padre tenga alma, pero sí la tiene.

¿Y el Hijo? Mateo 26:38 dice esto con respecto a Jesús: "Entonces les dijo: Mi alma está muy afligida, hasta el punto de la muerte; quedaos aquí y velad conmigo'". Esto también está bastante claro. ¿Por qué Jesús diría "mi alma" si no la tuviera?

Ya tenemos dos de dos en cuanto al alma en la Trinidad. Entonces, ¿qué con respecto al Espíritu Santo? En Hebreos 10:38, el Espíritu de gracia declara: "Mas mi justo vivirá por la fe; y si retrocede, mi alma no se complacerá en él".

Dios el Padre, Dios el Hijo y Dios el Espíritu Santo, todos tienen alma y todos encajan en la definición de persona. El alma de una persona tiene tres componentes: mente, voluntad y emociones. Es decir, una persona que tiene alma, tiene pensamientos, toma decisiones y tiene sentimientos. La capacidad de hacer estas tres cosas indica la presencia de un alma. Apliquemos este examen de tres partes a Dios.

> Está claro, **DIOS** tiene mente, voluntad y **EMOCIONES**.

Piense en los muchos pasajes en la Escritura que hablan de "la mente de Dios". Ahora piense en los montones de pasajes que se refieren a "la voluntad de Dios". Por último, piense en todos los versículos que hablan de los sentimientos o emociones de Dios. A lo largo de la Biblia vemos a Dios experimentando gozo, tristeza y placer. Está claro, Dios tiene mente, voluntad y emociones. Esto significa que tiene alma. Y esto se cumple en Dios el Padre, Dios el Hijo y Dios el Espíritu Santo. (Hablaremos más del alma del Espíritu Santo en capítulos posteriores.)

Como cristianos tenemos a Alguien que vive dentro de nosotros que *es* Dios. Tiene la mente de Dios, conoce la voluntad de Dios y conoce los sentimientos de Dios. Él reside dentro de nosotros porque quiere ayudarnos a pensar como Dios piensa, desear lo que Dios desea y sentir lo que Dios siente. ¡Qué privilegio!

LOS ATRIBUTOS DE DIOS

Como persona de la Trinidad, el Espíritu Santo tiene todos los atributos que Dios tiene. Cuando usted comienza a estudiar los atributos de Dios, usted se encuentra con una Persona profunda y de muchas facetas. Comprender estos atributos puede ayudarnos a ver que el Espíritu Santo en realidad es una persona, no una fuerza ni una cosa. La lista de los atributos de Dios es larga, pero en el principio de ella, es probable que usted encuentre tres atributos que comienzan con el prefijo *omni*. Veámoslos brevemente.

Omnisciente

Dios "lo sabe todo". El término teológico para esto es *omnisciencia*. Ese término es una combinación de dos palabras: *omni*, que quiere decir "todo" y *ciencia*, que viene de una palabra latina que significa "conocimiento". Alguien que es omnisciente lo sabe todo, sencillamente sabe todo lo que se puede saber. Una vez leí una definición más amplia que decía que omnisciencia es "el atributo de Dios mediante el cual Dios sabe de manera perfecta y eterna todas las cosas que pueden saberse: pasadas, presentes y futuras".*

Piense en la riqueza y amplitud del conocimiento de Dios. Tal vez usted tenga un juego de enciclopedias en casa, y la Internet le da acceso a una cantidad abrumadora de información. Sin embargo, estas

---

* The Parent Company, "God Is Omniscient," www.parentcompany.com/awareness _of_god/aog12.htm.

colecciones de información no son nada comparadas con Dios. Salmo 147:4, declara que Dios no solo sabe cuántas estrellas hay sino que le ha puesto nombre a cada una de ellas. En Salmo 33:13 aprendemos que Dios tiene la capacidad de ver y conocer a cada persona en la faz de la Tierra, todo al mismo tiempo. La manera en que nos conoce es tan íntima que incluso sabe el número de nuestros cabellos, a pesar que cambia constantemente (vea Mateo 10:30).

Dios también conoce los pensamientos más profundos de nuestros corazones y mentes. No hay conocimiento oculto para Él. Esto se cumple tanto para Dios el Espíritu Santo como para Dios el Padre.

Omnipotente

Dios también es *omnipotente*, que significa "todopoderoso". En Jeremías 32, Dios le pregunta a Jeremías: "He aquí, yo soy el Señor, el Dios de toda carne, ¿habrá algo imposible para mí?" (versículo 27). Claro, Dios le hizo al profeta una pregunta retórica. La respuesta correcta es no. Nada es demasiado difícil para Dios. El ángel Gabriel afirma esta verdad de manera personal cuando le habla a la virgen María y dice: "Porque ninguna cosa será imposible para Dios" (Lucas 1:37).

La omnipotencia de Dios también significa que nadie puede torcer Sus planes. Lo que Él se proponga hacer,

NADA es demasiado DIFÍCIL para Dios.

lo hace. Lo que Él quiere que se haga, se hace. Es por eso que Job dice: "Yo sé que tú puedes hacer todas las cosas, y que ningún propósito tuyo puede ser estorbado" (Job 42:2). Y el salmista dice: "Nuestro Dios está en los cielos; Él hace lo que le place" (Salmo 115:3).

El apóstol Pablo habla específicamente de Dios el Espíritu Santo cuando dice: "Y a aquel que es poderoso para hacer todo mucho más abundantemente de lo que pedimos o entendemos, según el poder que obra en nosotros" (Efesios 3:20). En este versículo se revelan varias verdades importantes acerca del poder y la soberanía de Dios:

(1) Él puede *hacer* u obrar (*poie-sai*), porque no está desocupado, ni inactivo, ni muerto. (2) Él puede hacer lo que

nosotros pedimos porque escucha y responde a la oración. (3) Él puede hacer lo que pedimos o *entendemos* porque lee nuestros pensamientos y en ocasiones imaginamos cosas que ni nos atrevemos y por tanto no las pedimos. (4) Él puede hacer *todo* lo que pedimos o entendemos porque Él lo conoce todo y puede hacerlo todo. (5) Él puede hacer *más...que* (*híper*, "más allá") de todo lo que pedimos o entendemos porque Sus expectativas son más altas que las nuestras. (6) Él puede hacer mucho más o *más abundantemente* (*perisso-s*), que todo lo que nosotros pedimos o entendemos porque Él no mide la cantidad de gracia que da. (7) Él puede hacer mucho más, *mucho más abundantemente* de todo lo que pedimos o entendemos porque Él es un Dios de superabundancia.*

Observe que Pablo dice que este poder y capacidad "actúa en nosotros". La fuente de ese poder es Dios el Espíritu Santo. Mi mejor amigo es omnipotente.

Omnipresente

Dios es también *omnipresente*, lo que significa que está simultáneamente en todas partes. Siempre me ha resultado reconfortante saber que no importa a dónde yo vaya, el Dios que me ama ya está presente allí. No hay lugar en el cielo ni en la Tierra fuera del alcance de Su amor y Su cuidado. Esa es la verdad que el salmista expresa de manera tan hermosa en Salmo 139:7–10:

> ¿Adónde me iré de tu Espíritu,
>   o adónde huiré de tu presencia?
> Si subo a los cielos, he aquí, allí estás tú;
>   si en el Seol preparo mi lecho, allí estás tú.
> Si tomo las alas del alba,
>   y si habito en lo más remoto del mar,
> aun allí me guiará tu mano,
>   y me asirá tu diestra.

---

* John R. W. Stott, *The Message of Ephesians (The Bible Speaks Today)* (Downer's Grove:InterVarsity, 1979), 139–40.

Además, la omnipresencia de Dios implica que Él trasciende no solo el espacio sino también el tiempo. Dios no solo está *en* todas *partes* a la vez, sino que está en *todo tiempo* también. Ya que Él existe fuera del momento, no solo ve sus circunstancias y situaciones del presente sino que también ve su pasado y su futuro. Claro, Él, por gracia, escoge olvidar las partes pecaminosas de nuestro pasado y ponerlas bajo la sangre de Jesús.

> **DIOS** no solo está en **TODAS PARTES** a la vez, sino que está en **TODO TIEMPO** también.

Cuando usted comienza a cultivar una relación con el Espíritu Santo y aprende a escuchar Su voz, es emocionante darse cuenta que Él conoce el futuro. El Espíritu Santo conoce cuándo aguarda un peligro a la vuelta de la esquina y le advertirá si usted escucha. Él también sabe cuando en el camino hay grandes oportunidades y le ayudará a estar preparado para aprovecharlas.

Mi amigo, el Dr. Tony Evans, tiene una manera excelente de expresar cómo todos estos atributos funcionan juntos. Él dice:

> No hay nada que Dios no sepa; esa es Su omnisciencia...
> No hay lugar donde Él no exista; esa es Su omnipresencia.
> Pero eso no es todo. No hay nada que Dios no pueda
>   hacer, esa es Su omnipotencia.*

Los tres miembros de la Trinidad tienen estos tres atributos. El Hijo, que ahora está sentado a la derecha del Padre, conoce todo lo que el Padre conoce. Lo mismo sucede con el Espíritu Santo.

Sin duda, ¡el Espíritu Santo no es un "algo"! Él tiene personalidad y alma, y es una persona que puede ser su mejor amigo. Con eso en mente, aprendamos más sobre las cualidades de Su alma.

---

* Tony Evans, *Time to Get Serious* (Wheaton, IL: Crossway, 1995), 22.

6

Su alma: mente y voluntad

Una vez escuché a un hombre que ministraba a estudiantes universitarios, decir que los dos temas con mayor asistencia en las conferencias cristianas eran "Cómo conocer la voluntad de Dios para su vida" y "Sexo y noviazgo". En broma, decía que si de verdad quisiera una gran asistencia para sus seminarios, los llamaría "Cómo conocer la voluntad de Dios con respecto al sexo y el noviazgo".

Más que nada, los cristianos luchan por conocer la voluntad de Dios para sus vidas, lo anhelan. De hecho, las encuestas revelan que la pregunta espiritual número uno que hacen los creyentes es: "¿Cómo puedo conocer la voluntad de Dios?".

La razón por la que más cristianos no conocen la voluntad de Dios es porque no tienen una amistad con el Espíritu Santo, Quien habita en ellos y cuya función es revelarles toda verdad.

Permítame repetirlo.

Usted tiene a Alguien viviendo dentro de usted que conoce la voluntad de Dios para su vida. Si usted quiere conocer la voluntad de Dios, tiene que conocer al Espíritu Santo. Su amistad con Él puede verdaderamente cambiar su vida. Como hemos visto, una amistad con el Espíritu Santo es posible porque Él es una persona. Claro está, Él es Dios, pero también hemos visto que los miembros respectivos de la Trinidad, cada uno, tiene los atributos de un alma. Tener alma implica que se tienen tres cosas: mente, voluntad y emociones.

Podemos entender esta verdad con relación a Dios el Hijo. Sabemos que Jesús tiene alma porque vemos Su personalidad mostrada a lo largo de los evangelios. Lo vemos reír, llorar, enojarse, mostrar compasión, decidir, enseñar, animar y amar. En el centro del milagro de la encarnación está la asombrosa realidad de que Jesús se hizo como uno de nosotros. Como escribe el apóstol Juan: "Y el Verbo se hizo carne, y habitó entre nosotros" (Juan 1:14). Pablo muestra a Jesús "que se despojó a sí mismo tomando forma de siervo, haciéndose semejante a los hombres. Y hallándose en forma de hombre, se humilló a sí mismo, haciéndose obediente hasta la muerte, y muerte de cruz" (Filipenses 2:7-8).

Aunque fácilmente podemos llegar a la conclusión que Jesús tiene alma, muy pocos pensamos en el Espíritu Santo de la misma manera. Sin embargo, si queremos disfrutar las bendiciones de una amistad con el Espíritu Santo, necesitamos comprender que Él tiene alma. Como hablamos antes, nadie trata de tener una relación con una cosa, al menos no una persona en sus cabales.

Con eso en mente, profundicemos más en la Escritura que nos ayuda a ver que el Espíritu tiene mente, voluntad y emociones: los elementos de Su alma.

La mente del Espíritu Santo

Comencemos con las conocidas palabras de Isaías 55:8-9:

> *Porque mis pensamientos no son vuestros pensamientos, ni vuestros caminos mis caminos—declara el Señor. Porque como los cielos son más altos que la tierra, así mis caminos son más altos que vuestros caminos, y mis pensamientos más que vuestros pensamientos.*

Las palabras de Dios aquí son bastante convincentes. ¿Por qué habría de decir "mis pensamientos no son vuestros pensamientos" si Él no tiene pensamientos? ¿Y cómo puede tener pensamientos si no tiene mente? Dios sí tiene mente, y Él piensa en usted y en sus situaciones. ¿No le gustaría conocer cuáles son los pensamientos de Dios?

Ya hemos visto que uno de los roles del Espíritu Santo es "guiar[nos] a toda la verdad" (Juan 16:13). De modo que tiene mucho sentido que si el Espíritu Santo le guiará a toda la verdad, Él debe conocer toda la verdad. Claro, ya que el Espíritu Santo es Dios, es omnisciente. Como recordará, este atributo de Dios significa que Él lo sabe todo. La conclusión es que Dios el Espíritu Santo posee todo el conocimiento.

¿Alguna vez se ha preguntado usted cuál es el coeficiente de inteligencia de Dios? El CI de Albert Einstein era de 209. Eso es muy impresionante. Pero, ¿y el CI de Dios? Antes de que se aventure a adivinar, permítame decirle que Dios no tiene un CI. ¿Por qué? El término *cociente* implica tanto cálculo como comparación. Sin embargo, la inteligencia de Dios no puede calcularse, y no existe nada con lo que pueda compararse. Es inmensurable. Cuando se trata de CI, Dios no tiene C.

Pero tiene mucho de *I*.

> La **INTELIGENCIA** de Dios no puede **CALCULARSE**, y no existe nada con lo que pueda **COMPARARSE**.

Cuando usted comienza a considerar la sabiduría y la inteligencia de Dios, tendrá pensamientos bastante alucinantes. Por ejemplo, Dios no puede pensar en algo que nunca haya pensando antes. Si pudiera, aprendería algo. Pero un Dios que todo lo sabe no tiene nada que aprender. Permítame decirlo de otra manera: A Dios nunca se le ha ocurrido nada. Dios nunca se ha llevado la mano a la frente para decir: "¿Sabes lo que se me acaba de ocurrir?" Nunca. Él lo sabe todo, de una vez, todo el tiempo.

Lo maravilloso es que usted tiene al Espíritu Santo viviendo dentro de usted, y como Dios, Él tiene el mismo nivel de sabiduría y conocimiento. El Espíritu Santo lo sabe todo, de todo, y se ha comprometido a ser su maestro. Él promete llevarle a toda la verdad. Aquel, cuya descripción de puesto dice "Consolador", tiene toda la verdad. Él sabe la respuesta a cada problema que usted enfrenta. Usted tiene acceso a la mente de Dios porque el Espíritu Santo tiene mente.

En Romanos 8:27, Pablo dice que uno de los roles del Espíritu Santo es interceder por nosotros y ayudarnos cuando no sabemos qué orar ni cómo hacerlo:

> *y aquel que escudriña los corazones sabe cuál es el sentir del Espíritu, porque Él intercede por los santos conforme a la voluntad de Dios.*

Tanto Dios el Padre como Dios el Espíritu Santo tienen una mente y el Espíritu Santo puede interceder por nosotros de acuerdo a la voluntad de Dios.

LA VOLUNTAD DEL ESPÍRITU SANTO

Veamos ahora el segundo elemento clave del alma del Espíritu Santo: Él también tiene voluntad. La Escritura ofrece evidencias suficientes de esta verdad. Por ejemplo, en Hechos 16, encontramos a Pablo viajando con Silas y Timoteo. Pablo planea ir a Asia Menor (Turquía en la actualidad) para predicar el evangelio. ¿Qué podría haber de malo en dar el próximo paso lógico para hablar de Jesús a los perdidos? El plan solo enfrenta un problema. El Espíritu Santo dice: "¡No!"

> Y atravesando Frigia y la provincia de Galacia, les fue prohibido por el Espíritu Santo hablar la palabra en Asia.
>
> Hechos 16:6, RVR 1960

Esta palabra que se traduce como "prohibido" en nuestro Nuevo Testamento en español es una palabra griega que significa "ejercer la voluntad propia". En este caso el Espíritu Santo sencillamente ejerce Su voluntad, lo cual puede hacer porque tiene una voluntad para ejercer.

Como Aquel que conoce toda la verdad, que conoce las cosas que vendrán y que conoce la mente de Dios el Padre, el Espíritu Santo sabía que estaba fuera del plan maestro de Dios para la expansión del evangelio que Pablo y sus acompañantes fueran en esa dirección. Llegaría el momento para evangelizar esa parte del mundo, pero no era entonces. ¿Cómo supieron Pablo y Silas cuál era la voluntad de Dios en cuanto al lugar donde debían ir? Ellos reconocieron la voz del Espíritu Santo y le prestaron atención.

El Espíritu Santo tiene una voluntad y esa voluntad está perfectamente alineada con la voluntad del Padre. Considere estas ideas adicionales en cuanto a descubrir la voluntad de Dios.

La voluntad general de Dios

La voluntad de Dios consiste en dos esferas. Una es la voluntad general para su vida. La Biblia es su guía infalible para la voluntad general de Dios. Si usted necesita conocer los límites de conducta o de la moral, la Biblia le da instrucciones claras. No tiene que peguntarse si es no la voluntad de Dios que usted robe, le sea fiel a su cónyuge o dé honor a sus padres. La Escritura afirma claramente la voluntad de Dios en estos aspectos. A esto le llamamos su voluntad general porque estos límites están claros y se aplican a toda persona.

Si usted está casado, la voluntad general de Dios le ayudará a saber cómo tratar a su cónyuge. Pero su voluntad general no le revelará con quién debe casarse. Esa pregunta implica la voluntad específica de Dios para usted. No va a encontrarse un versículo bíblico que diga: "He aquí Juan Pérez deberá cortejar y casarse con Juana Rodríguez que vive Upper Sandusky, Ohio. Y usted la hará su mujer, usted hará de ella su legítima esposa".

> Si usted **NECESITA** conocer los **LÍMITES** de conducta o de la **MORAL**, la Biblia le da instrucciones **CLARAS**.

La voluntad específica de Dios

Entonces, ¿cómo podemos conocer la voluntad específica de Dios? Por favor, comprenda esta verdad poderosa e importante: llegamos a conocer la voluntad general de Dios a través de Su Palabra, pero conocemos la voluntad específica de Dios a través de Su *voz*. Recuerde lo que nos dijo Jesús acerca del Consolador que enviaría:

> *Pero cuando El, el Espíritu de verdad, venga, os guiará a toda la verdad, porque no hablará por su propia cuenta, sino que hablará todo lo que oiga, y os hará saber lo que habrá de venir.*

> Juan 16:13

El Espíritu Santo habla. Él puede hablarle. Él *quiere* hablarle. No creo que valoremos lo enorme que es este privilegio.

Antes de que el Espíritu Santo viniera, hace dos mil años, existieron generaciones completas donde, usualmente, solo una persona, por generación, escuchaba de Dios y podía hablar por Dios. ¡Solo una persona! Lea el Antiguo Testamento y verá que en sus generaciones, hombres como Sansón, Samuel, Elías, Eliseo, Habacuc, Nahúm, Oseas, Joel y Amós escuchaban a Dios, pero casi nadie más lo hacía. Incluso los reyes de Judá dependían de uno o un puñado de profetas para saber lo que Dios quería que hicieran. Si usted era un ciudadano de cuna humilde, sin ningún profeta de Dios cerca, tenía que arreglárselas por su cuenta. Además, durante el período de 400 años entre el Antiguo y el Nuevo Testamento, Dios no le habló a nadie. Cuando el Espíritu Santo llegó hace dos mil años, todo cambió para la humanidad. Al igual que con la muerte y resurrección de Jesús, la venida del Espíritu Santo marca una línea precisa en la cronología de la historia. Desde entonces, nada ha sido igual. Observe lo que dice Pedro acerca de la llegada del Espíritu Santo, el día de Pentecostés:

> Sino que esto es lo que fue dicho por medio del profeta Joel:
> Y sucederá en los últimos días —dice Dios— que derramare de mi Espíritu sobre toda carne;
> y vuestros hijos y vuestras hijas profetizarán, vuestros jóvenes verán visiones, y vuestros ancianos soñarán sueños.
>
> Hechos 2:16–17

El profeta Joel, 600 años antes, había predicho este suceso que cambiaría la historia. Joel dijo que el Espíritu del Dios se derramaría sobre la carne humana y jóvenes y ancianos, hombres y mujeres, tendrían visiones y sueños de parte de Dios como solo unos pocos profetas del Antiguo Testamento los habían tenido en el pasado. Y, ahora, Pedro declara la

> La **VENIDA** del Espíritu Santo **MARCA** una **LÍNEA** precisa en la cronología de la **HISTORIA**.

llegada gloriosa del día en que las personas pueden escuchar de Dios por sí mismas. ¿Por qué? Porque el Espíritu Santo había venido.

¿Acaso no es algo maravilloso? ¡Usted puede tener una relación personal con Dios a través de la persona del Espíritu Santo! Sin intermediarios, ni mediadores, ni profetas difíciles de encontrar. Usted no puede tener una relación personal con Dios por medio de su pastor, su cónyuge, ni ninguna otra persona. Usted tiene que tener su propia relación personal con Dios con la ayuda del Espíritu Santo.

Imagine si alguien se le acercara y le dijera: "Permítame. Yo sé que usted no me conoce muy bien pero, ¿podría preguntarle a mi esposa a dónde quiere ir de vacaciones este año?".

¿Qué diría usted? Es probable que su respuesta fuera: "Eh, no. Ella es *su* esposa. Pregúntele *usted* a dónde quiere ir de vacaciones".

¿Y si la pregunta fuera más personal: "Discúlpeme, desconocido, podría usted preguntarle a mi esposa cuántos hijos quiere que tengamos?". Claro, es probable que usted conteste todavía con más énfasis: "¡No, eso es algo que usted mismo tiene que preguntarle!".

> Usted **TIENE QUE** tener su **PROPIA RELACIÓN** personal con Dios con la ayuda del **ESPÍRITU SANTO**.

Sé que estas ilustraciones parecen tontas. Sin embargo, ya que soy pastor, la gente se me acerca constantemente con la esperanza de que yo le pregunte a Dios Su voluntad para sus propias vidas. Mi respuesta siempre es más o menos igual. Yo les digo: "No. Él es su Padre celestial también. ¡Pregúntele *usted*!".

Por supuesto, creo en buscar consejo cuando hay que tomar una decisión. Pero eso no es lo mismo que esperar que otra persona escuche la voz de Dios a nombre suyo porque usted no puede o no quiere hacerlo.

Recuerde, otros pueden oír *con* usted, pero no *por* usted. El Padre y el Hijo enviaron al Espíritu Santo para que usted pueda tener una relación *personal* con Dios.

Recuerdo una ocasión en la que un hombre se me acercó después del servicio. Él me dijo: "¿Puede usted obtener una palabra de Dios para mí?"

Lo miré un tanto asombrado por un instante y le dije: "Bueno, está bien, si Dios me dice algo con respecto a usted, yo se lo diré. Pero no creo que suceda".

Al día siguiente yo estaba en mi devocional con el Señor y recordé a este hombre y su petición. No quería ignorar la oportunidad si Dios quería ministrar al hombre, así que le pregunté de manera despreocupada: "Señor, ¿tienes algo que quieres que le diga?" Enseguida la voz familiar del Señor respondió y dijo: *Sí. Dile que quiero hablar con él, personalmente. ¡Dile que esté en Mi oficina a primera hora, mañana por la mañana!*

Puedo dar testimonio personal de que las personas pueden escuchar la voz del Espíritu Santo de manera clara, poderosa y consistente. Hace años que vivo mi vida así.

Él me habla de decisiones y me ayuda a escoger con más sabiduría de lo que yo jamás podría por mi cuenta. Después de todo, Él conoce el futuro. A veces un camino que parece prudente y seguro en la superficie, puede terminar en un desastre. No puedo decirle cuántas veces me he enfrentado a una decisión, sin embargo, cuando le presenté la situación al Espíritu Santo, en busca de dirección, Él me ha guiado a tomar el camino menos esperado. Su guía nunca ha dejado de obrar a mi favor.

> Recuerde, **OTROS** pueden **OÍR** con usted, pero no *por* **USTED**.

El Espíritu me habla sobre mi familia y me ayudar a ser el mejor esposo y padre posible.

Me corrige con ternura cuando me paso de la raya y a menudo me hace parecer mucho más inteligente y sabio de lo que soy. Desenmascara las estratagemas y estrategias del enemigo, a quien le encantaría destruirme, y me permite desarticularlas antes de que puedan causar daño.

El Espíritu Santo me habla sobre personas que se cruzan en mi camino cada día. Me da oportunidades extraordinarias para bendecir, animar y presentar a Jesús a otras personas. Algunos de los momentos más gratificantes y memorables de mi vida en el ministerio han ocurrido cuando el Espíritu Santo me da una palabra especial para una persona desconocida. Cuando eso pasa, vienen lágrimas, sanidad, restauración y liberación. He tenido el privilegio inmerecido de ser parte de estos encuentros con la gracia y compasión de Dios.

Dios también quiere hablarle personalmente. Quiere que usted conozca Su voluntad y Su maravilloso compañerismo. ¡La manera de conocer la voluntad de Dios es conociendo a Dios! El Espíritu Santo tiene mente y voluntad, y usted puede conocer Sus pensamientos y Su voluntad *si* lo conoce a Él.

7

Su alma: emociones

¿**P**odemos, usted y yo, alegrar o entristecer al Espíritu Santo? Claro que sí y dentro de unas pocas páginas le contaré una ocasión en la que, claramente, desilusioné a mi amigo, el Espíritu Santo, y luego, después de mi arrepentimiento y el perdón de Dios, vi el gozo en nuestra relación maravillosamente restaurada. Pero antes de contarle esa historia, primero quiero describir la composición emocional del Espíritu Santo.

Al igual que cualquier otra persona con un alma, el Espíritu Santo también tiene emociones. Observe la lista del "fruto del Espíritu". Estos atributos surgen en cualquiera que permita al Espíritu Santo expresarse a Sí mismo en su vida.

Mas el fruto del Espíritu es amor, gozo, paz, paciencia, benignidad, bondad, fidelidad, mansedumbre, dominio propio; contra tales cosas no hay ley.

Gálatas 5:22–23

Un árbol no puede amar. Puede estar vivo, pero nunca experimentará gozo. Solo una persona puede experimentar la paz. Lo mismo sucede con la bondad, la benignidad, la fe, la mansedumbre y la templanza. Estas son características de una persona.

Del mismo modo, solo una persona puede sentir lo contrario al gozo: dolor. En Efesios 4:30 leemos esta advertencia: "No entristezcan al Espíritu Santo de Dios, con el cual ustedes fueron sellados para el día de la redención" (RVC).

Cuando usted tiene un amigo íntimo, es normal que quiera saber qué le entristece.

Así pasa con mi esposa, Debbie. Ya que ella también es una de las mejores amigas que tengo en el mundo, he aprendido con los años qué le molesta o le causa dolor. Entonces tengo cuidado de evitar hacer tales cosas. ¿Por qué? ¿Porque le tengo miedo? No, porque la amo y valoro nuestra relación.

A algunos cristianos les sorprende saber que pueden alterar al Espíritu Santo y causarle dolor o tristeza. Parte de esta sorpresa ocurre porque no lo ven como una persona que tiene mente, voluntad y emociones. Sin embargo, una vez que usted comienza a valorar la relación que tiene con Él, le importará si sus acciones le producen dolor o no. Le será natural interesarse en saber qué le molesta a su querido amigo. Le interesa porque lo ama y detesta la idea de crear distancia entre los dos.

Entonces, ¿qué es *tristeza*? Dicho de manera sencilla, es lo que se siente ante la pérdida de intimidad con alguien. Por lo general asociamos la tristeza con la muerte de alguien que amamos por-

> A algunos cristianos les **SORPRENDE** saber que pueden **ALTERAR** al Espíritu Santo y **CAUSARLE DOLOR** o tristeza.

que la muerte crea una ruptura de intimidad con la persona que muere. Pero nuestros pensamientos y acciones hirientes también pueden provocar una pérdida temporal de intimidad. Así que debemos hacernos una pregunta clave: ¿qué entristece al Espíritu Santo? En los versículos que siguen a Efesios 4:30, encontramos parte de la respuesta. Veamos todo el pasaje en contexto:

Por eso cada uno de ustedes debe desechar la mentira y hablar la verdad con su prójimo; porque somos miembros los unos de los otros. Enójense, pero no pequen; reconcíliense antes de que el sol se ponga, y no den lugar al diablo. El que antes robaba, que no vuelva a robar; al contrario, que trabaje y use sus manos para el bien, a fin de que pueda compartir algo con quien tenga alguna necesidad. No pronuncien ustedes ninguna palabra obscena, sino sólo aquellas que contribuyan a la necesaria edificación y que sean de bendición para los oyentes. No entristezcan al Espíritu Santo de Dios, con el cual ustedes fueron sellados para el día de la redención. Desechen todo lo que sea amargura, enojo, ira, gritería, calumnias, y todo tipo de maldad. En vez de eso, sean bondadosos y misericordiosos, y perdónense unos a otros, así como también Dios los perdonó a ustedes en Cristo.

Versículos 25–32, RVC

Observe algunas de las conductas específicas que causan tristeza al Espíritu Santo: mentiras, pecado, robar, no compartir con otros. De hecho, en estos versículos surge un patrón. Todas estas conductas se relacionan con nuestra manera de tratar a los demás, sobre todo a nuestros hermanos y hermanas en Cristo. Por ejemplo, tenemos que dejar a un lado la mentira porque "porque somos miembros los unos de los otros". Ya que el Espíritu Santo vive en cada creyente, maltratar a cualquier de estos implica maltratar al Espíritu Santo en ellos. Es por eso que los versículos 31–32 dicen: "Desechen todo lo que sea amargura, enojo, ira, gritería, calumnias, y todo tipo de maldad. En vez de eso, sean bondadosos y misericordiosos, y perdónense unos a otros, así como también Dios los perdonó a ustedes en Cristo". Dicho con otras palabras: dejen de maltratarse unos a otros. Esto entristece al Espíritu Santo.

El pecado entristece al Espíritu Santo no porque sea un puritano y no quiera que usted se divierta. El pecado entristece al Espíritu Santo porque el pecado hiere a las personas y el Espíritu Santo ama a las personas. Además, cuando un creyente anda en rebelión y peca deliberadamente, el Espíritu Santo experimenta dolor porque la rebelión crea una pérdida repentina de intimidad con la persona que Él ama, a pesar de que esa intimidad pueda restaurarse con el tiempo.

Como creyente usted no pierde su salvación cuando peca, porque su salvación es por gracia por medio de la fe. Sin embargo, cuando usted se rebela deliberadamente, sí interrumpe su intimidad con el Espíritu Santo y esa pérdida de conexión con alguien a quien Él ama le produce dolor.

AMARGURA Y MALDAD

Además de las conductas que se mencionan en Efesios 4, yo creo que hay dos cosas que al Espíritu Santo le resultan particularmente penosas. Las encontramos reflejadas en Hechos 8.

Amargura

En este pasaje Pedro y Juan viajan a Samaria para ministrar a un grupo de creyentes que se habían sido salvos por la prédica de Felipe, el evangelista. Cuando llegan, descubren que estos nuevos creyentes todavía no habían recibido ninguna enseñanza acerca del Espíritu Santo y no sabían nada de recibir Su ministerio en sus vidas. Juan y Pedro oran para que estos nuevos creyentes reciban al Espíritu Santo. Cuando lo hacen, muchas cosas milagrosas comienzan a suceder. Cuando un mago famoso del pueblo llamado Simón, quien había sido salvo y bautizado en este avivamiento samaritano, ve todos los milagros que estaban ocurriendo, ofrece comprarle a Pedro este "poder":

Cuando Simón vio que el Espíritu se daba por la imposición de manos de los apóstoles, les ofreció dinero, diciendo: Dadme también a mí esta autoridad, de manera que todo aquel sobre quien ponga mis manos reciba el Espíritu Santo.

Hechos 8:18–19

Por supuesto, Pedro se ofendió profundamente ante la idea de que pudiera comprarse el poder de Dios. Y le dice:

Entonces Pedro le dijo: Que tu plata perezca contigo, porque pensaste que podías obtener el don de Dios con dinero. No tienes parte ni suerte en este asunto, porque tu corazón no es recto delante de Dios. Por tanto, arrepiéntete de esta tu maldad, y ruega al Señor que si es posible se te perdone el intento de tu corazón. Porque veo que estás en hiel de amargura y en cadena de iniquidad.

Versículos 20–23

Observe que el primer error de Simón fue cuando relegó la *persona* del Espíritu Santo a un *poder* que podría comprar como si fuera un artículo. Él veía al Espíritu Santo como una *fuerza* que podría adquirir y no como una *persona* a quien pudiese conocer.

Pedro reprende a Simón severamente y termina su declaración con una observación notable: "Porque veo que estás en hiel de amargura y en cadena de iniquidad".

Como hemos visto, todo lo que entristece al Espíritu Santo involucra cómo nos tratamos unos a otros. Pero necesitamos añadir una verdad importante a esa idea: si usted tiene amargura en cualquier área de su vida, hay veneno en su sistema. La amargura le envenena emocional, mental y físicamente.

Durante toda su vida Simón había sido el tipo famoso con poderes sobrenaturales en ese lugar. Era el milagrero cuya magia provocaba el asombro de todos. Claro, la fuente de su poder como hechicero era demoniaca y no celestial.

> Todo lo que **ENTRISTECE** al Espíritu Santo involucra **CÓMO** nos **TRATAMOS** unos a otros.

Simón observó a los apóstoles poner su ciudad de cabeza con señales y milagros poderosos. Perdió todo el poder que tenía antes, cuando recibió la salvación. La envidia y los celos lo consumían, hasta que finalmente trató de comprar el poder del Espíritu Santo. Claro, lo irónico es que, como creyente, ¡Simón ya tenía el poder del Espíritu a su disposición! El propio Jesús había dicho que todas las señales y milagros que los discípulos hacían son en realidad el fruto normal que habría en las personas que creyeran en Él:

> *Y estas señales acompañarán a los que han creído: en mi nombre echarán fuera demonios, hablarán en nuevas lenguas; tomarán serpientes en las manos, y aunque beban algo mortífero, no les hará daño; sobre los enfermos pondrán manos, y se pondrán bien.*
>
> Marcos 16:17–18

Iniquidad

Además de la amargura, Simón también estaba "en cadena de ini-quidad". No usamos la palabra *iniquidad* en nuestras conversaciones cotidianas. Esta palabra antigua se refiere a la esclavitud que el peca-do habitual crea en la vida. El pecado es un suceso; la iniquidad, un estilo de vida. El pecado es un acto; la iniquidad, un hábito.

En el caso de Simón, su iniquidad venía de la esclavitud a algún tipo de inmoralidad. No es de sorprenderse porque Simón se había entregado a poderes demoníacos la mayor parte de su vida. No se puede juguetear con el diablo durante años sin involucrarse en algún tipo de hábito o práctica oscura.

Todos entramos con un bagaje a nuestra nueva vida en Cristo y Simón no habría sido la excepción. Es probable que usted haya nota-do que todos sus hábitos sucios no desaparecieron en el momento en que invitó a Jesús a su vida.

La vida cristiana es una jornada en ascenso. Cuando nacemos de nuevo, somos hechos *justos*, estamos bien con Dios. Pero la *santifica-ción*, llegar a ser puros y parecernos más a Cristo en nuestra conduc-ta, es un proceso. El Espíritu Santo quiere ser nuestro compañero y amigo en ese proceso. Es por eso que entristecemos al Espíritu cuan-do permitimos que una fortaleza de maldad permanezca una vez que Él nos la ha revelado. Claro, algunas iniquidades son superficiales y tienen poco poder sobre nosotros. Sin embargo, otras tienen raíces muy profundas.

MI MARAVILLOSO REGALO DE CUMPLEAÑOS

Cuando se trata de las raíces profundas de la maldad que entristece al Espíritu, hablo por experiencia personal. Permítame ser muy trans-parente y explicarle.

Antes de aceptar a Cristo yo era una persona muy inmoral. Como joven participaba en muchas conductas que eran profanas e impuras. Entonces, a los 19 años, me casé con Debbie, una joven cristiana maravillosa y pura. No mucho después fui salvo, me enamoré de Dios y comen-cé a servirle en el ministerio.

El día de mi **CUMPLEAÑOS** el Espíritu Santo me **ANIMABA** a **PEDIRLE ALGO**, y yo lo hacía.

No obstante, había aspectos de esclavitud en mi vida, aspectos a los que Pedro llamó estar en "cadena de iniquidad". Aunque Dios me había bendecido a nivel personal y me había usado para bendecir a otros, yo todavía luchaba con la pureza moral.

El día del primer aniversario de mi nuevo nacimiento, Debbie dijo: "¡Feliz cumpleaños! ¿Qué quieres para tu cumpleaños?" No recuerdo lo que le respondí a ella, pero en mi tiempo devocional con Dios, la mañana siguiente, me sorprendí cuando escuché al Espíritu Santo hacerme la misma pregunta: ¿Qué quieres de *Mí para tu cumpleaños?* Después de pensar un poco, le pedí algo para mi vida espiritual que había estado tratando de alcanzar.

A partir de entonces el Señor me preguntaba en mis cumpleaños naturales y espirituales. El Espíritu Santo me animaba a pedirle algo, y yo lo hacía. No pedía bendiciones materiales, siempre pedía algo de naturaleza espiritual.

Cuando me aproximaba a mi trigésimo cumpleaños, sentí que estaba llegando a un punto importante de mi vida. Sabía que Jesús había comenzado Su ministerio a los treinta años. Aunque yo ya había estado en el instituto bíblico y luego en el ministerio a tiempo completo por toda una década, ansiaba pasar a un nivel más alto de eficacia para Él.

La semana antes de mi cumpleaños, el Espíritu Santo me hizo una pregunta que yo había *escuchado en años anteriores: Robert, ¿qué quieres de Mí para tu cumpleaños?* Recuerdo que el clamor de mi corazón era escuchar la voz del Señor más claramente. Quería saber cuando Dios hablaba y deseaba usar ese corazón atento a Él para ayudar a otras personas. Así que le pedí: "Señor, me encantaría poder escucharte más claramente. Esa es la petición para mi cumpleaños. Quiero poder escuchar mejor Tu voz".

> El **CLAMOR** de mi corazón era **ESCUCHAR** la voz del Señor más **CLARAMENTE**.

Ese año, mi cumpleaños cayó en lunes. Las tres noches anteriores yo tenía que ministrar en una reunión "profética" en una iglesia en otra ciudad. Junto a otros del equipo, yo estaría profetizando a las personas, dándoles palabras de aliento y consuelo de parte del Espíritu Santo.

En la primera noche, el viernes antes de mi cumpleaños, escuchaba la voz del Espíritu Santo más claramente que nunca antes. Estaba recibiendo ánimo para otros con muchos detalles, de forma sobrenatural, mientras el Espíritu me mostraba aspectos ocultos de dolor y tristeza que quería sanar. Recuerdo que pensé: *Caramba, ya estoy recibiendo mi regalo de cumpleaños. ¡Estoy escuchando la voz de Dios muy claramente y estoy ayudando a las personas!* Cuando regresé a la habitación del hotel esa noche, estaba tan estimulado que no podía dormir. Encendí el televisor y comencé a pasar los canales. Lamentablemente, me encontré con un canal que estaba poniendo una película que ningún cristiano debe ver. En ese momento tenía que apagar el televisor. Las razones inundaban mi mente: *Soy un templo del Espíritu Santo y lo que muestre a mis ojos, el Espíritu Santo lo ve. Y al Espíritu Santo le entristecen mi pecado y mi maldad.* Pero no lo hice. Vi el programa profano. Recuerdo haberme sentido tan sucio después.

En mi tiempo devocional con Dios, la mañana siguiente, le dije: "Señor, te confieso esto. Te pido que me perdones. No sé por qué sigo regresando a esta parte de mi vida una y otra vez". La verdad es que yo sí sabía por qué: era una fortaleza de la época previa a mi salvación, que había quedado intacta en mi vida. Yo todavía estaba preso por la maldad en esta área de inmoralidad.

El sábado en la noche llegué a la iglesia y se esperaba que ministrara proféticamente otra vez. Solo que había un problema. No podía escuchar la voz del Espíritu Santo. Nada. Solo silencio. Yo había confesado mi pecado y me había arrepentido. Y sabía que Dios, fiel a Su Palabra, me había perdonado, pero a pesar de eso no podía escuchar nada. El Espíritu Santo estaba conmigo pero estaba completamente callado. Así que me las arreglé como pude. Creo que fue el servicio más largo que he tenido.

Me aterraba pensar en el servicio del domingo en la mañana, pero cuando llegué a la iglesia, el miembro principal del equipo profético nos reunió y dijo: "Tengo una palabra del Señor que arde en mi corazón y no creo que debamos ministrar proféticamente esta mañana. Creo que debo predicar". Yo traté de no parecer demasiado aliviado.

Cuando llegó el momento, este hombre se levantó y dijo: "El Señor quiere que enseñe sobre el tema de la maldad. Quiero mostrarles algunas cosas de Su Palabra con relación a los yugos de esclavitud y las fortalezas que muchos tenemos, incluyendo a muchos creyentes maduros, y que nos impiden ser más eficaces en el reino de Dios". Mientras estaba allí, sentado en la primera fila, pensé: *Ya entiendo, Señor. Esto es para mí.*

En un momento del mensaje, el orador comenzó a decir que cuando el Espíritu Santo nos advierte de algo e ignoramos Su advertencia, es el equivalente a "paralizarlo". En esencia le decimos al Espíritu Santo: "No quiero que estés en mi vida. No quiero escucharte. No quiero seguirte aunque quieras lo mejor para mí". El orador entonces describió cómo podemos paralizar al Espíritu Santo por el pecado en un momento y luego esperar que nos hable sobre cualquier otro asunto unos minutos después. *Ay*, pensé.

Luego, él realmente dio en el clavo; dijo: "Si usted ha estado haciendo eso, usted ha entristecido al Espíritu Santo. Y Dios me ha dicho que le diga que si se humilla y viene a este altar, Él lo hará libre".

Recuerdo que pensé: *Ese soy yo. Este mensaje completo era para mí y yo anhelo ser libre. Voy al altar.*

Sin embargo, enseguida tuve otro pensamiento. *Soy uno de los ministros aquí. No puedo pasar al frente para responder a este llamado al altar. No voy.*

Entonces se me ocurrió una tercera cosa: *La gente no va a suponer que tengo un pecado sucio en mi vida. Ya que soy predicador, supondrán que no he estado orando ni leyendo mi Biblia lo suficiente. Voy a pasar.*

Mientras luchaba ahí, conmigo mismo, el predicador dijo algo más: "Por cierto, no estoy hablando de pecados como no orar o leer la Biblia lo suficiente. Estoy hablando de tener un pecado sucio, vergonzoso en su vida, que se ha convertido en una fortaleza".

Entonces el Espíritu Santo dijo suavemente: *¿Todavía vas a pasar, Robert? ¿Todavía quieres ser libre?*

Yo respondí: "Sí, sí voy. Voy a ser el primero allí porque estoy cansado de vivir así".

Pasé adelante y caí de rodillas en el altar. En ese momento Dios hizo una obra de cirugía en mi corazón y mi vida que todavía recuerdo al día de hoy. Pero aquí está el resto de la historia.

El lunes en la mañana, tan pronto como mis ojos se abrieron, escuché la voz dulce del Espíritu Santo decir dos palabras: ¡*Feliz cumpleaños!*

En ese momento me di cuenta de que había pedido escuchar la voz del Espíritu más claramente, pero Dios sabía que había una barrera dentro de mí, una fortaleza de maldad que continuamente entristecía al Espíritu Santo. Él sabía que este pecado me impedía escucharle claramente, así que lidió con el asunto porque yo le pedí que lo hiciera. Qué regalo tan maravilloso. Qué amigo tan maravilloso.

EN RESUMEN

¿Le ha hablado el Espíritu Santo sobre algo en estos capítulos anteriores? ¿Ha derramado Su luz en lugar oscuro de su vida? ¿Le ha hecho consciente de algún aspecto donde usted está "en cadena de iniquidad"?

Si usted se humilla hoy, Él le libertará.

Puede arrodillarse donde está y hacer de ese lugar un altar. Usted puede "ser el primero en pasar" como lo fui yo. Él Espíritu Santo se encontrará con usted allí y le libertará.

PARTE 3

LA GRAN ENTRADA

8

Viento y fuego

Imagine que está hablando con un buen amigo. En el transcurso de la conversación, su amigo le cuenta de un hombre de quien usted nunca antes había oído. Parece interesante, así que usted hace algunas preguntas.

"¿Quién es?"

"¿Cómo es?"

"¿Qué hace?"

En esencia, hemos estado haciendo una serie de preguntas similares sobre el Espíritu Santo. Le estoy presentando a mi mejor amigo, al hacer y responder algunas preguntas básicas que normalmente haríamos sobre cualquier persona.

Comenzamos preguntando: "¿Quién es esta persona?" Luego seguimos con otra pregunta importante: "¿Cómo es esta persona?" Así que sigamos profundizando en quién es el Espíritu Santo al examinar cómo Él dio poder a los primero cristianos en el Día de Pentecostés.

DEFINICIONES

Antes de examinar el Día de Pentecostés, necesitamos analizar la palabra *pentecostal*. Esta palabra tiene diferentes significados para diferentes personas. *Pentecostal* tiene tanto una definición cultural como bíblica. Las dos definiciones son bastantes diferentes una de otra.

Cultural

Exploremos la definición cultural. Para muchas personas en nuestra cultura el término *pentecostal* describe a una persona de una tradición muy religiosa donde a las mujeres no se les permite usar pantalones ni maquillaje. Ya que esta tradición tampoco ve bien que las mujeres se corten el cabello, muchas se hacen un moño grande en la cabeza que parece un panal de abejas para que no les moleste. La práctica dio origen a un chiste que decía: "mientras más alto el moño, más cerca de Dios".

> Las prohibiciones y prácticas **RÍGIDAS** con relación al **VESTIDO** y los **PEINADOS** son poco más que una atadura **LEGALISTA**.

En mi opinión, las prohibiciones y prácticas rígidas con relación al vestido y los peinados son poco más que una atadura legalista. Tienen muy poco o nada que ver con la obra o el ministerio del Espíritu Santo en el pueblo de Dios. Por cierto, estas denominaciones pentecostales no tienen el dominio exclusivo del legalismo. Muchas iglesias no pentecostales también están bajo la atadura del legalismo.

No obstante, si esa es su definición del término *pentecostal*, entonces puedo decir con confianza: "No, el Espíritu Santo *no* es pentecostal".

Bíblica

Si su definición de *pentecostal* significa "alguien que entiende y aprecia el cumplimiento histórico de la fiesta de Pentecostés como se describe en Hechos 2," entonces yo respondería: "Sí, el Espíritu Santo *es* pentecostal". Si el término describe a alguien que comprende que el fruto, los dones y la comunión del Espíritu Santo están disponibles para nosotros hoy en día, y que todos tenemos una necesidad urgente de Su poder para vivir la vida cristiana, entonces otra vez yo respondería: "Sí, ¡el Espíritu Santo es pentecostal!".

Así que en términos bíblicos, la respuesta rápida es sí. Pero si realmente queremos comprender la respuesta, primero necesitamos desarrollar una comprensión de Pentecostés, el suceso.

EL DÍA DE PENTECOSTÉS

Para explorar por qué el Día de Pentecostés tiene tanta importancia para nosotros, veamos los primeros versículos de Hechos 2:

Cuando llegó el día de Pentecostés, estaban todos juntos en el mismo lugar. De repente, vino del cielo un ruido como el de una violenta ráfaga de viento y llenó toda la casa donde estaban reunidos. Se les aparecieron entonces unas lenguas como de fuego que se repartieron y se posaron sobre cada uno de ellos. Todos fueron llenos del Espíritu Santo y comenzaron a hablar en diferentes lenguas, según el Espíritu les concedía expresarse.

Versículos 1–4, NVI

Observe que este pasaje comienza diciendo: "estaban todos juntos". "Todos" se refiere a los 120 seguidores principales de Jesús, incluyendo a los doce discípulos (el número doce era Matías, a quien ellos habían escogido para reemplazar a Judas). Esta oración revela un momento, lugar y actitud.

El momento era la fiesta judía, día de Pentecostés. El lugar, que se describe como "el mismo lugar", se refiere a un aposento alto, en Jerusalén. Y la actitud de los que estaban reunidos era "unánimes" (RVR1960), lo que quiere decir que tenían unidad de mente y corazón.

De repente todos escucharon un ruido tremendo que parecía un viento muy fuerte. De hecho, el ruido era tan fuerte que la gente, en toda la ciudad, lo escuchó. Todavía más asombroso, además de *escuchar* este sonido, ellos vieron "lenguas como de fuego" que se posaron sobre cada uno de ellos.

Después de escuchar algo que nunca habían oído y de ver algo que nunca habían visto, esta gente de pronto se vio con el poder para hacer algo que nunca habían hecho: "Todos fueron llenos del Espíritu Santo y comenzaron a hablar en diferentes lenguas, según el Espíritu les concedía expresarse" (Versículo 4).

La palabra griega que se traduce como "lenguas" es *glossa*, que es la raíz de nuestra palabra *glosario*. Significa "idioma". Es decir, las 120 personas reunidas en esta habitación, de repente, comenzaron a hablar en idiomas que no conocían.

Es normal que esta serie de sucesos nos haga preguntarnos qué estaba pasando. ¿Y por qué estos sucesos ocurrieron en ese día en particular, la fiesta judía, día de Pentecostés?

LA HISTORIA DE PENTECOSTÉS

Pentecostés era y es una de las tres fiestas principales en Israel. Dios mismo instituyó estos eventos por medio de Moisés. El calendario santo, judío, contiene un total de siete fiestas de ese tipo, pero las siete caen dentro de las tres celebraciones principales que abarcan varios días y que ocurren en los meses primero, tercero y séptimo del calendario judío. Estas tres celebraciones son: la Fiesta de la Pascua, la Fiesta de Pentecostés y la Fiesta de los Tabernáculos. Hasta que el ejército romano destruyó el templo judío, en el año 70 d. C., los judíos de todo el mundo romano viajaban a Jerusalén tres veces al año para ofrecer sacrificios y celebrar estas fiestas.

En la Fiesta de la Pascua, ellos conmemoraban el evento ocurrido siglos atrás en Egipto, cuando el ángel de la muerte pasó por encima de los hijos de Israel la noche previa a su gran liberación de la esclavitud. Esa noche, ellos se salvaron al colocar la sangre de un cordero sobre los dinteles de sus puertas. El evento era un anuncio del día futuro cuando a toda la humanidad se le ofrecería la libertad de la esclavitud del pecado y la muerte eterna a través de la sangre de Jesús, el Cordero de Dios.

Como el nombre lo sugiere, la Fiesta de Pentecostés siempre se celebraba en el día quincuagésimo después de la Fiesta de la Pascua. *Pente* es la palabra griega para "cinco" y el sufijo *koste* indica "multiplicado por diez". Esta fiesta conmemoraba el momento en que Dios le dio a Moisés la Ley en el monte Sinaí, cincuenta días después del éxodo de Egipto.

Como tal vez usted sepa, el número siete aparece en múltiples ocasiones a lo largo de la Escritura y simboliza terminación, completa madurez o perfección.

Dios ordenó que la fiesta de Pentecostés tuviera lugar siete semanas después de la Pascua, más un día. Ya que una semana tiene siete días, Pentecostés ocurre en el día después de siete veces, siete días, un período de tiempo perfectamente perfecto.

¡Qué adecuado! Como usted está a punto de ver, al final Dios usó este festival de Pentecostés, una fiesta establecida por orden divino, para introducir a la persona que haría posible que cada creyente fuera maduro y completo.

¿Qué pasó en Pentecostés?

La Jerusalén del primer siglo siempre era un lugar concurrido y ocupado. Pero durante la época de las celebraciones principales, los peregrinos judíos de todo el imperio romano abarrotaban la ciudad. Dos invasiones en la historia de Israel y Judá, la primera por parte de los asirios (722 a. C.) y la segunda, de los babilonios (586 a. C.), habían dispersado al pueblo judío por todo el mundo conocido. Cuando Jesús entra en escena, en realidad había más judíos viviendo fuera de la provincia romana que una vez había sido Israel, que dentro de ella.

Jerusalén nunca estaba más llena de personas, de un rango tan variado de naciones extranjeras, que durante el período de ocho semanas que llevaba a la Pascua y duraba hasta Pentecostés. Este es el marco para los sucesos del domingo de Pentecostés.

Leemos que el sonido de un huracán llenó la habitación y una manifestación visible de lenguas de fuego reposó sobre cada una de las 120 personas presentes. El resultado de esto fue que todos hablaban en "otras lenguas". Pero, ¿qué sucedió después?

Moraban entonces en Jerusalén judíos, varones piadosos, de todas las naciones bajo el cielo.

Y hecho este estruendo, se juntó la multitud; y estaban confusos, porque cada uno les oía hablar en su propia lengua. Y estaban atónitos y maravillados, diciendo: Había judíos que moraban en Jerusalén, hombres piadosos, procedentes de todas las naciones bajo el cielo. Y al ocurrir este estruendo, la multitud se juntó; y estaban desconcertados porque cada uno los oía hablar en su propia lengua. Y estaban asombrados y se maravillaban, diciendo: Mirad, ¿no son galileos todos estos que están hablando? ¿Cómo es que cada uno de nosotros los oímos hablar en nuestra lengua en la que hemos nacido? Partos, medos y elamitas, habitantes de Mesopotamia, de

Judea y de Capadocia, del Ponto y de Asia, de Frigia y de Panfilia, de Egipto y de las regiones de Libia alrededor de Cirene, viajeros de Roma, tanto judíos como prosélitos, cretenses y árabes, les oímos hablar en nuestros idiomas de las maravillas de Dios. Todos estaban asombrados y perplejos, diciéndose unos a otros: ¿Qué quiere decir esto? Pero otros se burlaban y decían: Están borrachos.

Hechos 2:5–13

Como mencionamos antes, gente que estaba muy lejos del aposento alto escuchó el sonido del viento. Por lo tanto, "la multitud se juntó". Una vez que la multitud se reunió, fueron testigos de algo que los "desconcertó". La multitud estaba desconcertada porque "oímos hablar en nuestra lengua en la que hemos nacido".

Aquí parecen ocurrir dos milagros. Primero, de repente, 120 personas comienzan a hablar en diversos idiomas celestiales que nunca antes habían conocido. Segundo, miles de personas oyen a estas personas hablar en sus propios idiomas natales. Es decir, la gente de Libia los escuchaba hablar en libio. Los de Creta, escuchaban a las mismas personas hablar en cretense. Y los romanos escuchaban el mismo mensaje en un latín perfecto.

¿Será de extrañar que todos "estaban asombrados y se maravillaban"? El hecho de que muchas de las personas que hablaban fueran galileas contribuía al asombro de la multitud. Cuando los refinados judíos de la ciudad, que estaban en la multitud, usaban el término *galileos*, en esencia estaban llamando a la gente campesinos incultos. La multitud decía: "Estos pueblerinos de Galilea normalmente ni siquiera hablan bien un idioma. ¿Cómo es posible que estos aldeanos de repente sepan mi idioma y el de los demás?" Es más, la multitud escuchó a los seguidores de Jesús "hablar en nuestros idiomas de las maravillas de Dios" (versículo 11).

> ¿Será de **EXTRAÑAR** que todos "estaban asombrados y se **MARAVILLABAN**"?

Piense en cuán unificador debe haber sido este suceso. La multitud de personas reunidas era increíblemente diversa. Provenían de diferentes culturas, trasfondos, países e idiomas, todo lo cual separaba y aislaba a unos de otros. Sin embargo, de repente, todos estaban unidos y compartiendo la misma experiencia, el mismo mensaje maravilloso, como si fueran uno solo.

Esta unidad, hecha posible por el Espíritu Santo, permitió a los primeros cristianos comenzar a edificar algo de significado eterno. De hecho, como nos recuerda Efesios 2, nosotros *somos* el edificio:

Así pues, ya no sois extraños ni extranjeros, sino que sois conciudadanos de los santos y sois de la familia de Dios, edificados sobre el fundamento de los apóstoles y profetas, siendo Cristo Jesús mismo la piedra angular, en quien todo el edificio, bien ajustado, va creciendo para ser un templo santo en el Señor, en quien también vosotros sois juntamente edificados para morada de Dios en el Espíritu.

Versículos 19–22

El día de Pentecostés, Dios descendió e hizo que los idiomas ya no fueran barrera para conocerle a Él. Por cierto, esto nos da un avance maravilloso del cielo donde toda tribu, lengua y nación estarán reunidas, todas hablando un mismo idioma, el idioma para alabar a Dios. Esto es justamente lo que sucedió el Día de Pentecostés.

LO QUE SIGNIFICA PENTECOSTÉS PARA NOSOTROS

Permítame decirle algo acerca del Pentecostés que pocas personas comprenden. Por primera vez, desde la caída del hombre en el Edén, la venida del Espíritu Santo a morar en los creyentes permitió a las personas andar de manera justa en esta Tierra. Sabemos que Jesús vino a darnos una *posición* justa; es decir, Su muerte y resurrección nos hizo tener un estado justo delante de Dios. Pero a menudo pasamos por alto el hecho de que el Espíritu Santo nos capacita para vivir de una manera consistente con nuestra posición justa en Cristo.

Cuando se le dio la Ley a Israel por medio de Moisés, nadie podía guardarla. La ley dio a los israelitas una comprensión de lo que agradaba a Dios, pero no les dio la capacidad interior para vivirlo. Con sus naturalezas caídas todavía intactas, sencillamente no tenían poder para guardar la Ley.

Sin embargo, cuando el Espíritu Santo llena la vida de una persona, suceden cosas maravillosas. El espíritu humano, antes muerto, es regenerado por el Espíritu Santo. El Espíritu Santo escribe una ley nueva en el corazón de ese creyente. Esta ley no es los Diez Mandamientos, es la "Ley del amor". Cualquiera que cumple con esta Ley nunca será culpable de incumplir con los Diez Mandamientos ni de desagradar a Dios de manera alguna. De hecho, Jesús dijo que toda la enseñanza de la Ley y los profetas podía resumirse en esto: "Ama a Dios con todo tu corazón" y "ama a tu prójimo como a ti mismo". Pero eso no es todo. Cuando una persona recibe un derramamiento completo del poder del Espíritu Santo, está capacitada para andar en amor. Es decir, usted no puede andar de manera justa sin el poder del Espíritu Santo.

> Usted no puede **ANDAR** de manera justa **SIN** el **PODER** del Espíritu Santo.

Esto es lo que proclama el apóstol Pablo a lo largo de Romanos 8, comenzando con la conocida y maravillosa promesa: "Por lo tanto, ya no hay ninguna condenación para los que están unidos a Cristo Jesús" (versículo 1, NVI). Cada vez que vemos esa frase *por lo tanto* en la Escritura, debemos buscar qué antecedió a esa promesa. En este caso, podemos regresar a Romanos 7, donde Pablo expresa pensamientos con los que todo creyente frustrado se puede identificar:

> *Porque yo sé que en mí, es decir, en mi carne, no habita nada bueno; porque el querer está presente en mí, pero el hacer el bien, no. Pues no hago el bien que deseo, sino que el mal que no quiero, eso practico.... ¡Miserable de mí! ¿Quién me libertará de este cuerpo de muerte?*
>
> Versículos 18–19, 24

Claro, cuando Pablo escribió esta carta a los romanos, no había divisiones por capítulos. Él pasó de este clamor lastimero por santidad ("¡Miserable de mí!, ¿quién me librará?"), a la solución. Pablo nos recuerda que tenemos una *posición* justa y luego pasa a describir la clave para vivir de una manera que sea consistente con nuestra posición:

Por consiguiente, no hay ahora condenación para los que están en Cristo Jesús, los que no andan conforme a la carne sino conforme al Espíritu.

Romanos 8:1

Pablo continúa explicando la diferencia entre vivir según nuestra vieja naturaleza "de la carne" y vivir en el Espíritu: "Porque los que viven conforme a la carne, ponen la mente en las cosas de la carne, pero los que viven conforme al Espíritu, en las cosas del Espíritu." (Versículo 5).

Una y otra vez, Pablo hace énfasis en el papel del Espíritu Santo para permitirnos y darnos el poder de vivir vidas que estén alineadas con la posición justa que Jesús compró para nosotros mediante Su sangre:

Porque si vivís conforme a la carne, habréis de morir; pero si por el Espíritu hacéis morir las obras de la carne, viviréis. Porque todos los que son guiados por el Espíritu de Dios, los tales son hijos de Dios. Pues no habéis recibido un espíritu de esclavitud para volver otra vez al temor, sino que habéis recibido un espíritu de adopción como hijos, por el cual clamamos: ¡Abba, Padre! El Espíritu mismo da testimonio a nuestro espíritu de que somos hijos de Dios, y si hijos, también herederos; herederos de Dios y coherederos con Cristo, si en verdad padecemos con Él a fin de que también seamos glorificados con Él.

Versículos 13–17

Como dejan claro estos versículos, cuando cultivamos una amistad con el Espíritu Santo y nos rendimos a Su influencia, podemos dejar de sentirnos como gente miserable. Solo entonces podemos dejar de hacer las cosas malas que no queremos hacer y triunfar al hacer las cosas buenas que queremos hacer.

EL ESPÍRITU SANTO LO CAMBIA TODO

Para los 12 discípulos de Jesús y los otros 108 que estaban reunidos en aquel lugar, el domingo de Pentecostés, el derramamiento del Espíritu Santo lo cambió todo.

Antes de ese día, ellos luchaban por comprender las Escrituras. Después, se dieron cuenta de que todo el Antiguo Testamento apuntaba de manera profética y simbólica a la vida y obra redentora de Jesús. Lo que antes había estado envuelto en misterio, de pronto se volvió completamente claro.

Antes de ese día, los discípulos eran tímidos y temerosos, se escondían en habitaciones cerradas y temían cuando alguien tocaba a la puerta. Una jovencita había intimidado a Pedro, el fornido pescador, al punto de hacerle maldecir e incluso negar que conociera a Jesús. Después de ese día admirable, los discípulos personificaron la valentía y la confianza. Proclamaban a Jesús en las plazas públicas y las sinagogas. Cuando los arrestaban y los amenazaban con golpearlos o algo peor si no dejaban de predicar, se encogían de hombros y decían: "no podemos hacerlo". ¡Ya no temían a la desaprobación del hombre!

La transformación que produjo el derramamiento del Espíritu Santo el Día de Pentecostés fue realmente asombrosa. Eso nos lleva a otras preguntas lógicas: ¿podemos experimentar nosotros el milagro del domingo de Pentecostés, hoy día? Y si es así, ¿cómo?

9

Pentecostés en la actualidad

S i usted es como yo, de vez en cuando, envidia a la gente de la Biblia que pudo experimentar las obras maravillosas de Dios o las señales y milagros espectaculares. Usted y yo no podemos presenciar la división del mar Rojo, y tampoco podemos ser parte de la asombrosa proeza constructora de Noé (ese barco ya se fue, por decirlo de alguna manera). Pero puedo asegurarle una cosa: incluso cuando Pentecostés, ese día maravilloso, pasó hace dos mil años, ¡usted y yo *todavía podemos* experimentarlo!

TODOS Y CADA UNO

Para explorar las razones por las cuales podemos experimentar Pentecostés en la actualidad, regresemos a Hechos 2:3–4:

> *...y se les aparecieron lenguas como de fuego que, repartiéndose, se posaron sobre cada uno de ellos. Todos fueron llenos del Espíritu Santo y comenzaron a hablar en otras lenguas, según el Espíritu les daba habilidad para expresarse.*

Enfaticé las palabras *cada uno* y *todos* en estos versículos porque ellas nos dicen que algo importante estaba a punto de suceder ese día. Las 120 personas que estaban allí representaban un amplio espectro de la sociedad. Es probable que personas ricas e influyentes como José de Arimatea y Nicodemo estuvieran allí. Además, los ex mendigos ciegos y leprosos a quienes Jesús sanó y las ex prostitutas a quienes Él había ministrado, seguramente también estaban allí. Algunos, como los 12 discípulos, estaban en el "ministerio a tiempo completo". Otros eran simples mercaderes, campesinos o amas de casa.

Usted recordará que una lengua de fuego, representando la presencia del Espíritu Santo derramado, vino y posó sobre cada uno de ellos. Si usted y yo hubiéramos estado en esa habitación, usted hubiera visto una lengua de fuego sobre mi cabeza ¡y yo hubiera visto una sobre la suya! En otras palabras, este bautismo en el Espíritu de Dios no era solo para la élite ni para los que estaban en el ministerio a tiempo completo. "Todos fueron llenos del Espíritu Santo" y todos "comenzaron a hablar en otras lenguas, según el Espíritu les daba habilidad para expresarse".

El bautismo en el Espíritu Santo es para todos. Repito, si hubiéramos estado presentes el Día de Pentecostés, sospecho que no hubiéramos podido ver nuestras propias llamas. ¿Por qué? Porque creo que usted hubiera tenido que recibir y creer *por fe* que Dios le había dado también una lengua de fuego. Usted tendría que confiar en que no solo "los espirituales" recibieron el poder; todos lo recibieron.

Permítame contarle un secreto. Eso es justo lo que usted tiene que hacer para recibir al Espíritu Santo. Usted lo recibe a Él y a Su ministerio de la misma manera en que recibió a Jesús, por fe.

El futuro y a distancia

Entonces, ¿podemos experimentar hoy el poder del Espíritu Santo? Para responderlo, retrocedamos un paso y examinemos algunas palabras importantes de Jesús en el capítulo anterior de Hechos:

> *Y reuniéndolos, les mandó que no salieran de Jerusalén, sino que esperaran la promesa del Padre: La cual, les dijo, oísteis de mí; pues Juan bautizó con agua, pero vosotros seréis bautizados con el Espíritu Santo dentro de pocos días.*
>
> Hechos 1:4–5

Observe la palabra "promesa" en la declaración de Jesús: "la promesa del Padre". Esta promesa no es un *qué* sino un *quién*: "pues

Juan bautizó con agua, pero vosotros seréis bautizados con el Espíritu Santo dentro de pocos días".

Teniendo en cuenta la descripción de Jesús acerca del Espíritu Santo como una promesa, observe lo que sucedió en el período inmediato al derramamiento del Espíritu Santo el domingo de Pentecostés. Después del sonido y la conmoción que atrajeron a una multitud en Jerusalén donde los 120 estaban reunidos, todos "estaban asombrados y perplejos, diciéndose unos a otros: ¿Qué quiere decir esto?" (Hechos 2:12).

Como respuesta, Pedro se levanta y da el primer sermón profético inspirado por el Espíritu Santo. De improviso, cita pasajes que hablaban del derramamiento del Espíritu Santo y de cómo Su venida capacitaría al pueblo de Dios para profetizar. El antes tímido, Pedro, termina proclamando valientemente a Jesús como el Mesías.

> Estas **PERSONAS** habían sido **TESTIGOS** de una **DEMOSTRACIÓN** sobrenatural del **PODER** del Espíritu Santo.

En apoyo a la prédica de Pedro, el Espíritu Santo hace aquello para lo que fue específicamente enviado: convence los corazones y trae la gente a Jesús. Observe cómo respondieron las personas que escucharon a Pedro:

> Al oír esto, compungidos de corazón, dijeron a Pedro y a los demás apóstoles: Hermanos, ¿qué haremos?
>
> Hechos 2:37

Estas personas habían sido testigos de una demostración sobrenatural del poder del Espíritu Santo y habían escuchado un sermón sobre cómo el derramamiento del Espíritu Santo fue profetizado por el profeta Joel. Con su pregunta en esencia estaban diciendo: "¿Qué tenemos que hacer para tener una relación con Dios como la que tú tienes?" Claro, Pedro felizmente responde a su pregunta:

> *Arrepentíos y sed bautizados cada uno de vosotros en el nombre de Jesucristo para perdón de vuestros pecados, y*

recibiréis el don del Espíritu Santo. Porque la promesa es
para vosotros y para vuestros hijos y para todos los que están
lejos, para tantos como el Señor nuestro Dios llame.

Versículos 38–39

Pedro describe rápidamente tres pasos sencillos:

1. Arrepiéntanse.
2. Sean bautizados con agua.
3. Reciban al Espíritu Santo.

Lo que Pedro describe aquí va dos pasos más allá de simplemente recibir la salvación. Él presenta un mapa para experimentar cada cosa maravillosa que está disponible para el creyente en Cristo.

Observe que Pedro termina su respuesta refiriéndose a "la promesa". Claro, solo diez días antes, Jesús se había referido al Espíritu Santo como la promesa. Ahora Pedro dice que la promesa pertenece a ellos y a sus hijos "para todos los que están lejos, para tantos como el Señor nuestro Dios llame".

Pedro deja claro que la promesa del Espíritu Santo pertenece no solo a las personas a las que él está hablando directamente, sino también a generaciones futuras ("sus hijos"). Y la frase "todos los que están lejos" se refiere directamente a Robert Morris en el norte de Texas. Y también se refiere directamente a usted. La promesa pertenece a todo el que Dios llama, en cualquier lugar y tiempo.

Más que un evento de una única vez

¿Le ha llamado Dios? Sí, sí lo ha hecho. ¿Puede usted experimentar el Pentecostés? Oh sí, es una promesa.

Sin embargo, algunos escépticos argumentan que la promesa no es para la actualidad porque Pentecostés fue un evento de una única vez. Sin embargo, Pentecostés ni siquiera fue un evento de una sola única vez en el libro de Hechos. Otros grupos de personas recibieron un derramamiento del Espíritu Santo en Hechos 8, 10, y 19 también.

En Hechos 8, los apóstoles enviaron a Pedro y a Juan a ministrar a un grupo de nuevos cristianos en Samaria:

Cuando los apóstoles que estaban en Jerusalén se enteraron de que los samaritanos habían aceptado la palabra de Dios, les enviaron a Pedro y a Juan. Éstos, al llegar, oraron por ellos para que recibieran el Espíritu Santo, porque el Espíritu aún no había descendido sobre ninguno de ellos; solamente habían sido bautizados en el nombre del Señor Jesús. Entonces Pedro y Juan les impusieron las manos, y ellos recibieron el Espíritu Santo.

Versículos 14–17, NVI

En Hechos 10, Pedro va a visitar a un grupo de gentiles en Cesarea, quienes están deseosos de escuchar acerca de Jesús. Hasta este momento, solo los judíos habían sido salvos y recibido al Espíritu Santo. Mientras Pedro contaba a este grupo ansioso lo básico del evangelio, "el Espíritu Santo descendió sobre todos los que escuchaban el mensaje. Los defensores de la circuncisión que habían llegado con Pedro quedaron asombrados de que el don del Espíritu Santo se hubiera derramado también sobre los gentiles, pues los oían hablar en lenguas y alabar a Dios" (Hechos 10:44–46, NVI).

> Algunos **ESCÉPTICOS** argumentan que la **PROMESA** no es para la **ACTUALIDAD** porque Pentecostés fue un evento de una **ÚNICA VEZ**.

Y en Hechos 19, "cuando Pablo les impuso manos, vino sobre ellos el Espíritu Santo, y hablaban en lenguas y profetizaban" (versículo 6).

He escuchado a algunas personas decir: "Yo no puedo experimentar Pentecostés porque eso sucedió hace dos mil años". Mi respuesta es formular una pregunta: ¿Puede usted ser salvo por la muerte y resurrección de Cristo? ¡Claro que sí! A diario las personas llegan a ser salvas al poner su fe en Jesucristo. Bueno, eso sucedió hace dos mil años también. Usted no estaba vivo cuando Jesús estuvo en la Tierra, y no obstante, la salvación está por completo a su disposición ahora porque por medio de Su muerte y victoria en la tumba, Jesús abrió la puerta de una vez y para siempre.

Lo mismo sucede con el Espíritu Santo. Pentecostés fue el derramamiento inicial del Espíritu Santo, dio inicio a una experiencia que continúa hasta el día de hoy. El Espíritu Santo todavía sigue aquí, sigue obrando, sigue atrayendo la gente a Jesús y sigue llenándolas con poder de lo alto. *Podemos* recibir a Jesús como Salvador. *Necesitamos* hacerlo. Es muy importante. *Podemos* recibir un bautismo del Espíritu Santo. Eso también lo *necesitamos*. Eso también es de vital importancia. Una breve evaluación de las fiestas de Israel nos revela el por qué.

Lo que las fiestas de Israel significan para nosotros

Pascua. Pentecostés. Tabernáculos. Como señalamos antes, Dios estableció estas tres celebraciones principales en el Antiguo Testamento. A veces se les llama peregrinaciones porque toda la nación judía se reunía en Jerusalén para adorar y ofrecer sacrificios en el templo. Aunque hemos explorado la conexión histórica entre la fiesta de Pentecostés y el día de Pentecostés, veamos brevemente las otras dos celebraciones y su significado para nosotros en la actualidad.

Pascua

La pascua implicaba el sacrificio de un cordero cuya sangre derramada expiaría los pecados de la nación. Aunque esta celebración se cumplió claramente con la muerte de Cristo en la cruz, es posible que usted no esté consciente de cuántos paralelos asombrosos existen en realidad. Por ejemplo, el cordero de la Pascua lo degollaban alrededor de las 9:00 a.m. A las 9:00 a.m., el día de la crucifixión de Jesús, le clavaron estacas en Sus manos y Sus pies. A las 3:00 p.m., ponían al cordero pascual en un horno de piedra para asarlo en preparación para la comida de la Pascua. El día en que Jesús murió, a las 3:00 p.m. lo pusieron en una tumba de piedra.

El viernes, después de poner el cordero pascual en el horno, el padre de la familia judía tomaba un pan sin levadura y lo escondía en algún lugar de la casa. La levadura representaba el pecado, así que un pan sin levadura representaba pureza y ausencia de pecado. El domingo, al día siguiente del Día de Reposo, el padre sacaba el pan escondido y lo sostenía delante de Dios, como si fuera una ofrenda de "primicias" de la cosecha. Dios el Padre escondió en la tumba el cuerpo de Su Hijo sin pecado. El domingo, Jesús resucitó como "primogénito entre muchos hermanos" (Romanos 8:29) y "primicias de los que durmieron" (1 Corintios 15:20).

Tabernáculos

Entonces, ¿qué hay con la tercera fiesta, la de los Tabernáculos? En realidad, esta no se ha cumplido todavía. La Fiesta de los Tabernáculos tiene otro nombre, Fiesta de las Trompetas. La fiesta de la Pascua se cumplió en un solo día. Del mismo modo, el Pentecostés inicial se cumplió en un solo día. Y así mismo, viene un día (la Biblia dice que ningún hombre conoce el día ni la hora), cuando sonará una trompeta y Jesús regresará por Su novia. Entonces todos los cristianos haremos "tabernáculo" para siempre con el Señor. Este día futuro, cuando Cristo regrese, cumplirá con la Fiesta de los Tabernáculos. ¡Ese será un buen día!

ALGUNAS PREGUNTAS PERSONALES

¿Puede usted experimentar, a nivel personal, el cumplimiento de la Pascua, que significa que sus pecados son perdonados al aceptar a Jesucristo como su Salvador? Claro que sí. Como creyente, ¿puede usted, a nivel personal, experimentar el cumplimiento de los Tabernáculos, que significa ir al cielo y estar con el Señor en algún tiempo futuro? Nuevamente, la respuesta es sí.

Si usted es cristiano, ya ha experimentado a nivel personal lo que representaba la fiesta de la Pascua. Y un día experimentaremos lo que representaba la Fiesta de los Tabernáculos. Así que eso nos presenta una pregunta obvia acerca de la fiesta que pasé por alto.

¿Resulta razonable que podamos también experimentar a nivel personal lo que representaba la fiesta de Pentecostés? Si podemos conocer las realidades cumplidas de la Pascua y los Tabernáculos, de seguro podemos conocer la realidad cumplida de Pentecostés.

¿Y usted? ¿Ha experimentado usted lo que numerosos grupos de creyentes en el libro de Hechos? O permítame hacer esta pregunta como la hace Pablo en Hechos 19: "¿Recibisteis el Espíritu Santo cuando creísteis?" (Versículo 2).

El principio de mi relación con el Espíritu Santo

Me tomó un tiempo responder esta pregunta por mí mismo. Llevaba varios años siendo cristiano antes de experimentar el cumplimiento de Pentecostés. Un pastor que había sido lleno del Espíritu Santo abrió mis ojos a la necesidad de recibir la llenura del Espíritu Santo. Él estaba predicando e hizo una invitación al final de su sermón. Con un poco de temor y recelo pasé al frente. Tenga en cuenta que yo había recibido muchas enseñanzas negativas acerca del Espíritu Santo en el pasado y había visto bastante gente rara que decían ser Sus promotores ambulatorios.

Recuerdo que pensé: *Está bien, Espíritu Santo. Quiero recibirte. Pero no quiero cambiarme el cabello, no quiero ser un tipo extraño y, definitivamente, no quiero hablar en lenguas.* No usé esas palabras exactas, pero la actitud de mi corazón decía: *Espíritu Santo, quiero que entres pero solo según mis condiciones y términos. Te recibo, aunque tengo mis dudas. Quiero que sepas que tengo algunas preocupaciones y estipulaciones, pero si puedes trabajar con mis condiciones y prometes portarte bien, entonces eres bienvenido en mi vida. Más o menos... supongo.*

No es de extrañar que no viera mucho aumento en poder ni en actividad milagrosa en mi vida después de esa invitación tan débil e insultante. Como un año después, luego de pasar buen tiempo estudiando lo que dice la Biblia sobre la obra y ministerio del Espíritu Santo, me sentí profundamente redargüido y me arrepentí de mi actitud anterior. Me di cuenta que había dejado que mis prejuicios religiosos y mis conceptos erróneos me impidieran recibir por completo al Espíritu Santo.

No mucho después pasé de nuevo al frente, en un llamado al altar, pero en esta ocasión yo tenía un corazón abierto y dispuesto que decía: *Dios, confío en Ti y quiero todo lo que tienes para mí. Quiero ser el siervo más eficaz que pueda ser. Quiero tener el mismo poder que tenían los discípulos en el aposento alto. Quiero Tus dones. Quiero Tu poder. Te quiero a Ti, Espíritu de Dios.*

> Dios, **CONFÍO** en Ti y quiero todo lo que **TIENES** para **MÍ**.

Fue entonces que realmente recibí al Espíritu Santo. Muchas personas tienen una experiencia similar con el Espíritu Santo. Cumplen con ciertas formalidades. Luego hacen una oración. Pero sus corazones dicen: *Quiero más de lo que ofreces, Espíritu Santo, pero no todo. Quiero escoger entre los dones que quieres darme porque no confío lo suficiente como para que Tú escojas por mí.* Sin embargo, Dios no funciona así. Confiar en Su bondad y rendirse a Sus planes y propósitos son la clave para la vida y la bendición en Su reino.

EN RESUMEN

Escribí este libro no para que fuera informativo sino con el propósito de que sea transformador. Mi meta no es satisfacer su curiosidad ni añadir a su caudal de conocimiento. Mi meta es estimular su sed de Dios. Quiero que usted sea transformado por Su Palabra.

Entonces, ¿puedo hacerle una pregunta personal? ¿Necesita usted recibir al Espíritu Santo? ¿Necesita experimentar la realidad cumplida de Pentecostés? Antes de responder, tal vez deba hacerle a Él esa pregunta con un corazón abierto de confianza y humildad.

Si la respuesta es sí, lo único que tiene que hacer es pedirlo, pero tiene que pedir sin condiciones. ¿Por qué? Porque Él es Dios. Solo recuerde que no es un Dios raro. Tampoco es un Dios duro. ¡Él es un Dios amable y gentil que desea llenarnos de Su amor, paz y gozo! Ábrale su corazón y no permita que ninguno de los abusos o usos erróneos que ha visto en el pasado le hagan pedir con temor.

De la misma manera en que recibió a Jesús por fe, ¡abra su corazón y reciba al Espíritu Santo con fe y gozo!

PARTE 4

LA TRANSFERENCIA DE PODER

10

Sumergidos

Probablemente usted ha visto fotos de la torre inclinada de Pisa en Italia. En realidad la torre es el campanario de la catedral de la ciudad de Pisa. ¿Se da cuenta que este punto de referencia fue hecho para permanecer verticalmente? Pero debido a un cimiento mal diseñado, la torre comenzó a inclinarse poco después de que comenzara la construcción en el año 1173.

Los cimientos son importantes porque transfieren el peso de un edificio al suelo mismo. Piense en los cimientos de su casa. Puede ser que sea una losa de hormigón, pilares y vigas para hacer que la mayor parte de su casa "flote" por encima del suelo y de las posibles inundaciones, o puede ser un cimiento tipo bloque o sótano. En los edificios grandes, los cimientos a menudo llegan hasta un lecho rocoso en las capas de la tierra.

Hemos aprendido que el Espíritu Santo es una persona que puede ser su amigo. Ahora entendemos que no es una fuerza mística ni impersonal, sino una persona a quien usted puede conocer y amar. Este cimiento es vital para tratar el próximo tema con la orientación adecuada.

EL DIABLO INSTIGA LA CONTROVERSIA

"Bautismo *en* el Espíritu Santo".

"El bautismo *del* Espíritu Santo".

¿Ha escuchado usted cualquiera de estos términos en círculos cristianos? Si es así, es probable que dichas menciones vinieran acompañadas de alguna controversia o negativismo.

No debiera sorprendernos que el diablo quiera instigar tanta controversia como sea posible en cuanto el ministerio y los métodos de la tercera persona de la Trinidad. Ver al pueblo de Dios caminando en una mistad estrecha con el Espíritu Santo y tener poder gracias a esa comunión es la peor pesadilla de Satanás. Significaría cientos de millones de Jesuses en miniatura deshaciendo todo el árduo trabajo del diablo. En efecto, Hechos 10:38 nos dice "cómo Dios ungió a Jesús de Nazaret con el Espíritu Santo y con poder, el cual anduvo haciendo bien y sanando a todos los oprimidos por el diablo; porque Dios estaba con Él".

¿Por qué hay tanta confusión alrededor de la relación entre el bautismo y el Espíritu Santo? Se debe en parte a que la Biblia menciona varios bautismos diferentes, dos de los cuales involucran al Espíritu Santo.

La mayoría de nosotros conocemos el bautismo en agua. Nos resulta fácil tratar con este bautismo porque la Biblia lo muestra claramente. Tome como ejemplo, la actividad de Juan el Bautista en el río Jordán. Y si usted asiste a una iglesia que lo practica, lo ve con sus propios ojos constantemente.

No obstante, la Biblia menciona dos bautismos que usted no puede ver con sus ojos físicos. Solo puede ver las consecuencias de ellos en la vida de una persona. Exploremos los tres para entender las diferencias.

BAUTISMO DEL ESPÍRITU SANTO

El primero de los bautismos que una persona puede y debe experimentar se menciona en 1 Corintios 12:13: "Pues por un mismo Espíritu todos fuimos bautizados en un solo cuerpo, ya judíos o griegos, ya esclavos o libres, y a todos se nos dio a beber del mismo Espíritu".

Observe la gramática en este versículo. (Por favor no permita que sus ojos se pongan vidriosos porque mencioné la palabra *gramática* y porque estoy a punto de mencionar algunas de esas categorías gramaticales que usted estudió en noveno grado. Es algo bueno y le va a ayudar.) ¿Ve usted la preposición *por* al principio del versículo? El diccionario nos dice que *por* significa "a través o por mediación de". Es decir, *por* se refiere a quién está haciendo *la acción*.

Entonces, ¿quién está bautizando en este versículo? El Espíritu Santo. Cuando usted y yo experimentamos la salvación, ambos fuimos bautizados en el mismo cuerpo, el cuerpo de Cristo. Y el Espíritu Santo es el agente que efectuó el bautizo. Este es el bautismo *del* Espíritu Santo. Pero no es el bautismo *en* el Espíritu Santo.

Si usted ha nacido de nuevo, es solo porque el Espíritu Santo lo atrajo, lo convenció de su estado de pecador y le hizo consciente de su separación de Dios. Cuando usted respondió a esa atracción escogiendo a Jesús, el Espíritu Santo hizo una obra sobrenatural de regeneración en su espíritu, haciéndole vivo espiritualmente, ahora y por la eternidad. En ese momento usted se hizo parte de algo mucho más grande que usted mismo. Usted se hizo miembro del cuerpo de Cristo. Como nos recuerda Pablo en Romanos 12:4–5:

Pues así como en un cuerpo tenemos muchos miembros, pero no todos los miembros tienen la misma función, así nosotros, que somos muchos, somos un cuerpo en Cristo e individualmente miembros los unos de los otros.

BAUTISMO CON AGUA

La manera en que usted se convirtió en "miembro" del cuerpo de Cristo fue porque el Espíritu Santo lo bautizó. Entonces, si somos obedientes al mandato de la Escritura, decidimos experimentar un segundo bautismo, esta vez en agua. Como mencioné antes, la confusión con relación a este bautismo es menos problemática porque la vemos suceder ante nuestros ojos naturales y vemos quién se encarga de bautizar.

Este tipo de bautismo es lo que Jesús tenía en mente cuando dijo: "Id, pues, y haced discípulos de todas las naciones, bautizándolos en el nombre del Padre y del Hijo y del Espíritu Santo" (Mateo 28:19).

Estos dos primeros bautismos no son tan controversiales. Claro, usted siempre puede encontrarse a una persona religiosa lista para discutir algún punto con relación a la salvación y el bautismo en agua, *qué* sucede espiritualmente y *cuándo*. No obstante, hay un amplio consenso y entendido que cuando nacemos de nuevo, el Espíritu Santo nos bautiza en el cuerpo de Cristo y que el bautismo en agua es una señal externa de lo que ha sucedido internamente.

Como nos recuerda Efesios 2:1, "[estábamos] muertos en [nuestros] delitos y pecados" antes de venir a Jesús. Y a los muertos los enterramos. Pero unos versículos después Pablo describe el milagro de la salvación de esta manera:

> ...*aun cuando estábamos muertos en nuestros delitos, [Dios] nos dio vida juntamente con Cristo (por gracia habéis sido salvos), y con Él nos resucitó, y con Él nos sentó en los lugares celestiales en Cristo Jesús.*
>
> Versículos 5–6

Muertos. Enterrados. Resucitados a una nueva vida. Este es el simbolismo maravilloso del bautismo en agua.

BAUTISMO EN EL ESPÍRITU SANTO

Mencioné antes que el bautista más conocido de la Escritura fue Juan el Bautista. Ya que incluso se le describe como el bautista, debemos prestar atención cuando él dice algo acerca del bautismo, sobre todo cuando menciona un tipo de bautismo que no es con agua. En Mateo 3:11, él dice:

> *Yo a la verdad os bautizo con agua para arrepentimiento, pero el que viene detrás de mí es más poderoso que yo, a quien no soy digno de quitarle las sandalias; Él os bautizará con el Espíritu Santo y con fuego.*

Casi todo el mundo sabe y concuerda con que Juan estaba hablando de Jesús. Así que permítame parafrasear la declaración de Juan: "Ustedes me han visto sumergir en agua a gente arrepentida, pero yo solo soy un precursor de uno mucho más grande, Jesús, quien sumergirá a la gente nacida de nuevo en el fuego del Espíritu Santo".

La declaración de Juan es una de varias declaraciones o relatos presentes en los cuatro evangelios: Mateo, Marcos, Lucas y Juan. Cada uno de los evangelios cuenta la historia de Jesús desde una perspectiva diferente, haciendo énfasis en un aspecto diferente del ministerio de Jesús y para públicos diferentes. Así que no debe sorprendernos que muy pocas historias o declaraciones aparezcan en los cuatro libros. Pero esta sí aparece. Demos un vistazo rápido a las otras tres.

Yo os bauticé con agua, pero El os bautizará con el Espíritu Santo.

Marcos 1:8

Yo los bautizo a ustedes con agua —les respondió Juan a todos—. Pero está por llegar uno más poderoso que yo, a quien ni siquiera merezco desatarle la correa de sus sandalias. Él los bautizará con el Espíritu Santo y con fuego.

Lucas 3:16, NVI

Y yo no le conocía, pero el que me envió a bautizar en agua me dijo: "Aquel sobre quien veas al Espíritu descender y posarse sobre El, éste es el que bautiza en el Espíritu Santo".

Juan 1:33

Usted encontrará relatos sobre la muerte y resurrección de Jesús en los cuatro evangelios. Es obvio que son cruciales para la historia del evangelio, y explican verdades vitales que los creyentes necesitan entender. Así que creo que es significativo que el bautismo en el Espíritu Santo también aparezca en los cuatro.

A continuación algunas preguntas sencillas, fáciles de responder, acerca de los cuatro versículos que acabamos de leer.

¿Quién realiza el bautismo en estos versículos? ¡Jesús!

¿En qué o con qué nos bautiza? ¡El Espíritu Santo! Dicho con otras palabras, solo Jesús realiza este bautismo, nos sumerge en el Espíritu Santo. La Escritura nos dice esto claramente en cuatro ocasiones, en cuatro evangelios separados.

Para comparar, veamos el bautismo de salvación que Pablo describe en 1 Corintios 12:13: "Pues por un mismo Espíritu todos fuimos bautizados en un solo cuerpo, ya judíos o griegos, ya esclavos o libres, y a todos se nos dio a beber del mismo Espíritu.". El bautista en este caso es el Espíritu Santo que nos bautiza en Jesús. En los evangelios vemos lo contrario. Vemos un bautismo donde Jesús es el que bautiza, nos bautiza en el Espíritu Santo.

No es posible que estos se refieran al mismo bautismo. Sin embargo, muchos cristianos se aferran a una teología que dice que estos dos bautismos son el mismo evento. Creen que solo existen dos bautismos: el espiritual de ser bautizados *por* el Espíritu Santo *en el* cuerpo de Cristo, y el simbólico, que es físico, y donde un pastor los sumerge en agua. Pero esto no es correcto.

Debería ser obvio que además del bautismo en Jesús (el nuevo nacimiento) y el bautismo en agua, la Escritura describe reiteradamente este tercer bautismo donde Jesús nos bautiza en el Espíritu Santo. Jesús incluso ordenó a sus discípulos que esperaran en Jerusalén hasta que lo recibieran.

¿Cómo es posible que el hecho de que Jesús nos bautice en el Espíritu Santo sea algo malo, sobre todo cuando está tan claro en la Biblia? Primero, Jesús, el que nos amó tanto que murió por nosotros, es quien bautiza. Segundo, el tercer miembro de la Trinidad, Dios el Espíritu Santo, ¡es en quien somos sumergidos! Sin embargo, innumerables cristianos evitan esta experiencia como si fuera algo horrible o dañino. Solo Satanás puede hacer que tanta gente piense de manera equivocada.

Un privilegio extraordinario

Tener el poder, la facultad y la presencia vigorizante del Espíritu Santo como un compañero y amigo constante, es un privilegio extraordinario que solo los creyentes del Nuevo Pacto pueden disfrutar. Los más grandes santos del Antiguo Testamento se hubieran maravillado de la bendición que se nos ha dado. Moverían sus cabezas en completa incredulidad de que tantas personas del pueblo de Dios desprecien la oportunidad.

¿Recuerda Juan 1:33? Allí, Juan el Bautista dice que Dios le dijo: "Sobre quien veas descender el Espíritu y que permanece sobre él, ése es el que bautiza con el Espíritu Santo".

RVR 1960

Este versículo nos da una visión importante del ministerio del Espíritu Santo antes y después del derramamiento del día de Pentecostés. Observe las palabras "descender" y "permanecer" en el versículo. A lo largo del Antiguo Testamento encontramos muchos ejemplos donde el Espíritu Santo podría descender sobre alguien, pero no permanecía.

Profetas, jueces, guerreros y reyes, todos experimentaron momentos breves donde el poder y la facultad del Espíritu Santo vinieron sobre ellos, pero solo duró un tiempo.

Justo después del bautismo en agua de Jesús, él se convirtió en la primera persona de la historia sobre Quien el Espíritu Santo *descendió* y *permaneció*. En el día de Pentecostés, el Espíritu Santo descendió sobre los 120 que estaban reunidos y permaneció en ellos por el resto de sus vidas. Lo mismo está disponible para usted y para mí. De hecho, yo lo he experimentado. Una vez superadas todas mis dudas, obstáculos e ideas distorsionadas, preconcebidas, abrí mi corazón al ministerio del Espíritu Santo y le pedí a Jesús que me bautizara en Él. Y el Espíritu Santo descendió sobre mí y se ha quedado conmigo desde entonces. ¡Mi vida cristiana nunca ha sido la misma!

> La **ÚLTIMA** palabra de Jesús para Sus seguidores no fue "id". Fue **"ESPEREN"**.

UNA PREGUNTA FINAL

Le pido que medite en una pregunta más: ¿cuáles fueron las instrucciones finales de Jesús para Sus discípulos?

Jesús se les apareció una y otra vez durante cuarenta días después de la resurrección. Finalmente, llegó el día en que les dio palabras de instrucción por última vez. Esto ocurrió justo antes de su ascensión al cielo. Mucha gente piensa que sus últimas instrucciones están en los dos últimos versículos del libro de Mateo:

> *Por tanto, id, y haced discípulos a todas las naciones, bautizándolos en el nombre del Padre, y del Hijo, y del Espíritu Santo; enseñándoles que guarden todas las cosas que os he mandado; y he aquí yo estoy con vosotros todos los días, hasta el fin del mundo.*
>
> Mateo 28:19–20

Eso, sin duda, parece terminal, sobre todo con un "amén" al final. Sin embargo, estas palabras no fueron las últimas que Jesús dijo a

Sus discípulos. La última palabra de Jesús para Sus seguidores no fue "id". Fue "esperen". Encontramos este mandato en el último capítulo de Lucas. Jesús se aparece a los discípulos y les da algunas explicaciones e instrucciones. Cuando termina de hablar, ellos lo ven ser llevado al cielo. Justo antes de ese momento, Él dice: "Y he aquí, yo enviaré sobre vosotros la promesa de mi Padre; pero vosotros, permaneced en la ciudad hasta que seáis investidos con poder de lo alto." (Lucas 24:49).

La palabra *permaneced* sencillamente significa "esperen". ¿No cree usted que Jesús habría escogido muy bien las palabras que Él sabía que serían las últimas que Sus discípulos le escucharían decir? ¿No supondría usted que son instrucciones importantes?

Su última instrucción fue que esperaran. ¿Esperar por qué? La promesa. Como aprendimos antes, las últimas palabras de Jesús también están registradas en el primer capítulo de Hechos:

> *Y reuniéndolos, les mandó que no salieran de Jerusalén, sino que esperaran la promesa del Padre: La cual, les dijo, oísteis de mí; pues Juan bautizó con agua, pero vosotros seréis bautizados con el Espíritu Santo dentro de pocos días.*
>
> Versículos 4–5

Anteriormente vimos que cada uno de los cuatro evangelios registra una promesa que Jesús bautizará a sus seguidores en el Espíritu Santo. Ahora tenemos una quinta mención del bautismo en el Espíritu Santo.

Jesús les dijo a Sus discípulos que "esperaran" antes de que "fueran" a cambiar al mundo. Él sabía que si ellos iban sin el poder del Espíritu Santo, nada sucedería. Él les estaba diciendo: "No traten de hacer nada de lo que les he mandado hacer antes de que reciban este bautismo adicional. Lo harían solo con sus propias fuerzas naturales y no lograrían nada de valor espiritual, duradero. ¡Esperen! Esperen lo que les he prometido, un Consolador".

Si usted ha nacido de nuevo, el Espíritu Santo le bautizó en Jesús en el momento en que usted fue salvo. Pero permítame preguntarle, ¿le ha pedido a Jesús que lo bautice en el Espíritu Santo? Si no, ¿con qué poder está usted intentando vivir la vida cristiana?

11

Tres bautismos, tres testigos

Recuerdo que, cuando estaba en el instituto bíblico, escuchaba mucho hablar del gran evangelista D. L. Moody. Regularmente mis profesores mencionaban citas y anécdotas sobre Moody. Es interesante que la posición oficial de mi escuela fuera que el poder del Espíritu Santo fue solo para los cristianos del primer siglo. Aprendíamos que el Espíritu Santo dejó de bautizar a las personas en los días de Pedro y Pablo. Sin embargo, constantemente Moody era puesto ante los estudiantes como el ejemplo brillante de un predicador y evangelista eficaz. Y con razón.

Imagine mi sorpresa, años después, cuando por fin leí la autobiografía de Moody y supe que él había tenido una experiencia transformadora con el Espíritu Santo tiempo después de ser salvo y de haber comenzado en el ministerio.

A finales del siglo diecinueve, Moody era el pastor de una iglesia en Chicago que se reunía en un salón alquilado. Él pensaba que le iba bastante bien en el ministerio, pero con el tiempo, dos mujeres de su congregación, quienes habían sido parte del movimiento Metodista Libre, la tía Cook y la señora Snow, comenzaron a orar para que Moody recibiera el bautismo en el Espíritu Santo. Cuando estas guerreras de oración le dijeron lo que habían estado pidiéndole a Dios que hiciera en su vida, él les dio las gracias por sus oraciones, pero les explicó, con mucho tacto, que él había recibido todo lo que se podía recibir del Espíritu Santo cuando fue salvo.

Según Moody, a medida que estas mujeres seguían orando tenazmente por él, él comenzó a darse cuenta que en su ministerio no había mucho poder sobrenatural, al menos no del tipo que él veía fluir en los cristianos comunes y corrientes de su Biblia. En Hechos 2, él veía claramente que un derramamiento del Espíritu Santo sobre una persona era lo que impartía el poder para ser un testigo de Jesús. Al final, llegó a la conclusión de que en realidad sí le faltaba otro bautismo. Empezó a orar por eso y también les pidió a las dos mujeres si querían orar con él para recibir un derramamiento del poder de Dios. No mucho después, Dios respondió al clamor del corazón de D. L. Moody.

Moody había sido invitado para predicar en Inglaterra. Días antes que su barco partiera se fue a Nueva York. Un día estaba caminando cuando algo asombroso sucedió. Como lo describiera su amigo, R. A. Torrey, años después:

> Él caminaba por Wall Street en Nueva York...y en medio del bullicio y la prisa de aquella Ciudad, su oración fue respondida; el poder de Dios cayó sobre él mientras caminaba por la calle, y tuvo que correr a casa de un amigo y preguntar si podían darle una habitación para estar a solas, y en esa habitación se quedó durante horas. El Espíritu Santo vino sobre él y llenó su alma con un gozo tal que finalmente tuvo que pedirle a Dios que detuviera Su mano para no morir de puro gozo. Salió de aquel lugar con el poder del Espíritu Santo sobre él, y cuando llegó a Inglaterra, el poder Dios obró poderosamente a través suyo en el norte de Londres y cientos se añadieron a las iglesias.*

NO ES TAN DIFÍCIL COMO PARECE

Si hasta el gran evangelista, D. L. Moody, luchaba con la realidad de los múltiples bautismos que la Biblia enseña, no es de sorprenderse que muchos cristianos luchen con la misma verdad. Tal vez usted todavía esté procesando todo este concepto. Si es así, posiblemente le sorprenda, aún más, saber que Dios considera esta enseñanza como "elemental". Ese es el mensaje de este pasaje:

---

* R. A. Torrey, *Why God Used D. L. Moody* (Chicago: Fleming H. Revell, 1923), 53–54.

Por eso, dejando a un lado las enseñanzas elementales acerca de Cristo, avancemos hacia la madurez. No volvamos a poner los fundamentos, tales como el arrepentimiento de las obras que conducen a la muerte, la fe en Dios, la instrucción sobre bautismos, la imposición de manos, la resurrección de los muertos y el juicio eterno.

Hebreos 6:1–2, NVI

Aquí el escritor de Hebreos dice que le gustaría pasar de las clases de escuela primaria y comenzar a enseñar a sus lectores cosas más sustanciosas y profundas. Él considera asuntos como el "arrepentimiento de obras muertas," "la fe en Dios" y otros principios como básicos. Una de esas enseñanzas fundamentales es "la instrucción sobre bautismos" (plural).

Entonces, me pregunto si nuestras tradiciones religiosas han hecho el tema de los bautismos más difícil de lo que necesita ser. A lo largo de más de 25 años de ministerio, me he dado cuenta de que muchos cristianos necesitan ayuda para ver que la Escritura sí enseña sobre tres bautismos diferentes y separados. Con esto en mente, me gustaría darle varios ejemplos bíblicos de los tres bautismos. Como señala el autor de Hebreos, no podemos pasar a la madurez a menos que tengamos una comprensión sólida de esta verdad "elemental".

EL SERMÓN DE PEDRO EN PENTECOSTÉS

Vamos a ahondar en un pasaje que ya hemos debatido. Usted recordará que Pedro da un sermón justo después del derramamiento del Espíritu Santo en el día de Pentecostés (vea Hechos 2). Como respuesta a la prédica de Pedro, varios oyentes judíos sienten la convicción del Espíritu Santo. Hechos 2:37, nos dice: "Al oír esto, compungidos de corazón, dijeron a Pedro y a los demás apóstoles: Hermanos, ¿qué haremos?

"¿Qué haremos?" Esa es una pregunta bastante amplia, de seguro mucho más general que la pregunta que hizo el carcelero filipense después de que un terremoto liberó a Pablo y a Silas en Hechos 16: "Señores, ¿qué debo hacer para ser salvo?" (versículo 30).

El carcelero solo pregunta sobre el primer bautismo, la salvación, así que la respuesta de Pablo solo trata con ese asunto: "Cree en el

Señor Jesucristo, y serás salvo, tú y tu casa" (versículo 31). ¿Cómo responde Pedro a esta pregunta más general?

Y Pedro les dijo: Arrepentíos y sed bautizados cada uno de vosotros en el nombre de Jesucristo para perdón de vuestros pecados, y recibiréis el don del Espíritu Santo. Porque la promesa es para vosotros y para vuestros hijos y para todos los que están lejos, para tantos como el Señor nuestro Dios llame.

Hechos 2:38–39

Observe que en los verbos activos en estos versículos Pedro destaca los tres bautismos. Él dice:

1. *Arrepiéntanse.* Este es el primer paso vital en el bautismo de salvación.
2. *Sed bautizados.* Pedro insta a sus oyentes a que sigan el ejemplo de Jesús en el bautismo en agua.
3. *Reciban el don del Espíritu Santo.* Este es el tercer bautismo. Como indica Pedro aquí, el Espíritu Santo no se impone a nadie. Debe ser "recibido".

GRANDE GOZO EN SAMARIA

El relato del Día de Pentecostés en Hechos 2, no es el único lugar donde vemos los tres bautismos delineados. En Hechos 8, encontramos al evangelista Felipe predicando y enseñando en Samaria. Después de que se produce un avivamiento, muchas personas son sanadas, son liberadas de opresión demoniaca y son salvas. Entonces, el versículo 12, nos dice: "Pero cuando creyeron a Felipe, que anunciaba las buenas nuevas del reino de Dios y el nombre de Cristo Jesús, se bautizaban, tanto hombres como mujeres".

En este versículo se encuentran dos de los tres bautismos. "Creyeron" significa que las personas

> Sin **RECIBIR** el Espíritu Santo, yo estaba **VIVIENDO** una vida **SIN PODER** y derrotada, de **POCA** eficacia para el **REINO** de Dios.

recibieron el bautismo de salvación. Entonces se bautizaron en agua. Dos bautismos. ¿Y qué del tercer bautismo, la inmersión en el Espíritu Santo? Sigamos leyendo:

Cuando los apóstoles que estaban en Jerusalén oyeron que Samaria había recibido la palabra de Dios, les enviaron a Pedro y a Juan, quienes descendieron y oraron por ellos para que recibieran el Espíritu Santo, pues todavía no había descendido sobre ninguno de ellos; sólo habían sido bautizados en el nombre del Señor Jesús (Versículos 14–16).

Observe lo que *no* dice este pasaje. No nos dice que cuando los apóstoles en Jerusalén escucharon que Samaria había recibido la Palabra de Dios, enviaron allá a Pedro y a Juan para que les dieran la bienvenida al compañerismo cristiano *porque tenían todo lo que necesitaban*.

En los primeros años de mi caminar cristiano fue justo esto lo que me enseñaron. Me enseñaron que una vez que yo era salvo y me bautizaba en agua, tenía todo lo que necesitaba para vivir la vida cristiana. Claro, ahora sé que sin recibir el Espíritu Santo yo estaba viviendo una vida sin poder y derrotada, de poca eficacia para el reino de Dios.

Pedro y Juan no se atreven a hacer esa clase de perjuicio a los nuevos creyentes de Samaria. Les alegraba que estos hombres y mujeres hubieran recibido los dos primeros bautismos. Pero lo primero que los discípulos preguntan es si los nuevos creyentes habían recibido o no el tercero. Cuando reciben un no por respuesta, los apóstoles de inmediato se ocupan de la situación: "Entonces les imponían las manos, y recibían el Espíritu Santo" (versículo 17).

Entonces, y solo entonces, estos nuevos cristianos estuvieron completamente equipados para ser todo lo que Dios le llamó a ser.

Por cierto, observe que esta escena no ocurre en Hechos 2. He escuchado a la gente decir que ser bautizado en el Espíritu Santo solo ocurrió el Día de Pentecostés. Sin embargo, estos eventos en Samaria ocurrieron meses o incluso años después de los de Hechos 2. En realidad esta no es la última vez que vemos a las personas experimentando los tres bautismos.

El patrón se repite en Éfeso

En Hechos 19, muchos años después del derramamiento de Pentecostés, escuchamos del ministerio del apóstol Pablo en Éfeso:

Y aconteció que mientras Apolos estaba en Corinto, Pablo,
habiendo recorrido las regiones superiores, llegó a Éfeso y
encontró a algunos discípulos, y les dijo: ¿Recibisteis el Espí-
ritu Santo cuando creísteis?

Versículos 1–2

Es interesante que las personas con quienes Pablo se encuentra sean "discípulos" que ya habían creído, es decir, son seguidores de Jesucristo. Observe la pregunta de Pablo: "¿Recibisteis el Espíritu Santo cuando creísteis?". Pablo no parece tener duda alguna en su mente de que alguien puede tener una fe salvadora en Jesucristo y no recibir la llenura del Espíritu Santo. Es decir, Pablo sabe que una persona puede ser bautizada por el Espíritu en Cristo (salvación), y no obstante, no ser bautizado por Jesús en el Espíritu Santo.

Recuerdo estudiar Hechos en la escuela dominical cuando era un chico, pero no recuerdo haber leído estos dos versículos. Ahora me pregunto cuántos maestros y predicadores pasan por alto estos versículos en lugar de encarar su mensaje que es tan claro como el agua. Esta pregunta está en su Biblia: "¿Recibisteis el Espíritu Santo cuando creísteis?".

Por cierto, me encanta la respuesta de los creyentes: "No, ni siquiera hemos oído si hay un Espíritu Santo" (versículo 2).

¡Tal vez estas personas fueron a la misma iglesia que iba yo cuando era niño! Alguien les habló lo suficiente de Jesús como para ser salvos, pero ni siquiera han escuchado del Espíritu Santo. A Pablo esto le resulta tan paradójico que decide comprobar y asegurarse de que estas personas ¡en realidad sean salvas! "Entonces él dijo: ¿En qué bautismo, pues, fuisteis bautizados? (Versículo 3).

Cuando ellos dijeron: "En el bautismo de Juan", Pablo rápidamente explica lo que les falta:

"Juan bautizó con el bautismo de arrepentimiento, diciendo
al pueblo que creyeran en aquel que vendría después de él, es
decir, en Jesús. Cuando oyeron esto, fueron bautizados en el
nombre del Señor Jesús. Y cuando Pablo les impuso manos,
vino sobre ellos el Espíritu Santo, y hablaban en lenguas y
profetizaban.

Versículos 4–6

¿Cuántos bautismos finalmente experimentaron los creyentes de Éfeso? En este caso, porque se habían arrepentido y bautizado con el bautismo de Juan el Bautista, recibieron al menos tres y posiblemente cuatro: (1) el bautismo de Juan en agua para arrepentimiento, (2) bautismo en el cuerpo de Cristo mediante la fe "en aquel que vendría después de él, es decir, en Jesús" (3) bautismo en agua con Pablo "en el nombre del Señor Jesús" y (4) bautismo en el Espíritu Santo cuando Pablo les impuso manos.

Observe lo que sucede cuando los creyentes de Éfeso recibieron el bautismo del Espíritu Santo: "vino sobre ellos el Espíritu Santo, y hablaban en lenguas y profetizaban". Vemos que este patrón se repite una y otra vez a lo largo del libro de Hechos.

TRES TESTIGOS EN EL CIELO Y LA TIERRA

De hecho, podemos encontrar estos tres bautismos a lo largo de la Biblia. Por ejemplo, mire lo que dice 1 Juan 5:7: "Porque tres son los que dan testimonio en el cielo: el Padre, el Verbo y el Espíritu Santo, y estos tres son uno". Claro, "el Verbo" es una referencia a Jesús.

¿Cree usted lo que dice 1 Juan 5:7, que el Padre, Jesús y el Espíritu Santo "son uno"? Es decir, ¿cree usted en la Trinidad? Sospecho que sí. Este versículo dice que estos tres "dan testimonio en el cielo". Claro, no estamos en el cielo ahora mismo. Estamos en la Tierra. Entonces, ¿quién o qué da testimonio aquí en la Tierra? El versículo que sigue nos dice:

Y tres son los que dan testimonio en la tierra: el Espíritu, el agua y la sangre; y estos tres concuerdan.

Versículo 8

Aquí tenemos los tres bautismos, ¡en orden invertido! Los tres "testigos" en la Tierra son el bautismo del Espíritu Santo, el bautismo en agua, y la salvación mediante la sangre de Jesucristo. Cada uno de estos tres bautismos representa una obra distinta de gracia que Dios quiere hacer en nuestros corazones y nuestras vidas.

La *salvación* es una obra milagrosa de gracia en el corazón. Esta verdad es obvia y no controversial. Todo el mundo evangélico concuerda con lo que Efesios 2:8–9, afirma claramente: "Porque por gracia habéis sido salvados por medio de la fe, y esto no de vosotros, sino que es don de Dios; no por obras, para que nadie se gloríe". Nadie discute lo que promete 2 Corintios 5:17: "De modo que si alguno está en Cristo, nueva criatura es; las cosas viejas pasaron; he aquí, son hechas nuevas".

El *bautismo en agua* es una obra de gracia en y sobre el corazón del hombre. Claro, ser bautizados en agua no nos salva. Usted puede ser salvo, morir e ir directo al cielo sin haber sido bautizado nunca en agua. Más bien, el acto de ser sumergido en agua es un símbolo externo de lo que nos ha sucedido en el interior, simboliza la muerte y sepultura de nuestro antiguo ser pecaminoso y la resurrección de la "nueva criatura", que se menciona en 2 Corintios 5:17. Sin embargo, el bautismo en agua es más que *solo* un símbolo. La Biblia enseña que el bautismo en agua es un nuevo pacto, contrapartida de la circuncisión en el antiguo pacto. La circuncisión era cortar la carne literalmente. De modo similar, cuando en obediencia nos sometemos al bautismo en agua, sucede una obra de gracia que provoca quitar lo carnal (la carne) en nuestros corazones. Ocurre un verdadero cambio.

Lo mismo se cumple con el bautismo de un creyente en el Espíritu Santo. Este acto libera dentro de nosotros el poder sobrenatural para hacer todo lo que Dios nos llama a hacer. Como hemos visto, Jesús ordenó a sus discípulos que esperaran en Jerusalén hasta que viniera el Espíritu Santo prometido. ¿Por qué? Porque, en las propias palabras de Jesús, serían revestidos de poder celestial (vea Lucas 24:49); recibirían poder para ser testigos de Él en el mundo entero (vea Hechos 1:8); y para hacer cosas todavía más grandes que las que Él había hecho (vea Juan 14:12).

> Este acto **LIBERA** dentro de nosotros el poder **SOBRENATURAL** para hacer todo lo que Dios nos **LLAMA** a **HACER**.

Permítame condensar y resumir estos tres "testigos" de una manera personal. Cuando yo fui salvo, me convertí en una persona nueva. Cuando me bautizaron en agua, la persona antigua quedó eliminada. Y cuando fui bautizado en el Espíritu Santo, recibí el poder para caminar en lo nuevo. ¡Este tercer bautismo marca una diferencia enorme!

Durante años traté de vivir en victoria, poder y pureza. Sin embargo, solo experimentaba fracaso y frustración. Después de recibir este tercer bautismo, todo cambió.

Por ejemplo, la intimidad maravillosa que comencé a disfrutar con el Espíritu Santo, se volvió tan preciosa para mí, que retrocedería ante el pensamiento de hacer algo que lo entristeciera.

Debido a que la Palabra de Dios ahora era viva para mí en nuevas formas, de repente vi que venían a mi mente versículos en momentos críticos de necesidad o tentación. Y esa sensación de "unción" que a menudo experimentaba en el púlpito, se convirtió rápidamente en parte de mi vida cotidiana: en la tienda de abarrotes, en el campo de golf, y lo más importante, dentro de mi propio hogar.

Pregúntele a mi esposa, Debbie, si recibir el bautismo del Espíritu Santo marcó una diferencia en la vida de su esposo.

¿Y USTED?

Quiero que se haga una pregunta importante: "¿He experimentado yo solo dos bautismos?" Es decir, ¿ha sido bautizado usted solamente en el cuerpo de Cristo cuando fue salvo y luego se bautizó en agua?

¿Ha experimentado usted una inmersión en el Espíritu Santo que produjo poder y ayuda sobrenaturales en su vida? A estas alturas podemos estar de acuerdo con que este tercer bautismo no sucede en el momento de la salvación. Sí, el Espíritu Santo le bautizó en Jesús cuando usted fue salvo; pero ahora Jesús tiene algo recíproco que quiere hacer. Él quiere bautizarle con poder de lo alto. ¿Por qué razón alguien pudiera decir: "Muchas gracias, pero no" ante algo así?

Muchos cristianos están viviendo vidas de derrota, frustración y fracaso, como me pasó a mí antes que abriera mi corazón y mi mente a este tercer bautismo. He tratado de vivir sin el poder del Espíritu Santo, pero no regresaría a ese modo de vivir ni por todo el dinero del mundo. Es demasiado maravilloso tener a Dios el Espíritu Santo como mejor amigo.

> El Espíritu Santo le **OTORGÓ** tanto poder a Moody que cuando **PASABA** por las fábricas, los **TRABAJADORES** caían de **BRUCES** y eran **SALVOS**.

¿Recuerda la historia del evangelista D.L. Moody que le conté antes? Moody dijo posteriormente que nunca más fue el mismo después del día en que recibió el bautismo en el Espíritu Santo. Se dio cuenta de que casi todo lo que había logrado en el ministerio, antes de ese momento, lo había hecho con el poder de su carne limitada. Después vio miles salvarse en avivamientos dondequiera que iba. Algunos biógrafos dicen que el Espíritu Santo le otorgó tanto poder a Moody que cuando pasaba por las fábricas, los trabajadores caían de bruces y eran salvos.

"...pero recibiréis poder cuando el Espíritu Santo venga sobre vosotros" (Hechos 1:8). Esa es la verdad bíblica que transformó la vida y ministerio de D.L. Moody. Solo sucedió cuando se humilló a sí mismo lo suficiente como para reconocer que necesitaba otro bautismo. ¿Y usted?

12

Con poder para vivir

Constantemente me asombra cómo la tecnología avanza y cambia con tanta rapidez. Recuerdo cuando la gente solía escribir a la oficina de la Asociación Americana de Automóviles (AAA) de alguna ciudad distante, meses antes de salir para unas vacaciones de verano. Daban la dirección de su casa, mencionaban los lugares que querían ver y señalaba las ciudades en las que querían pasar la noche. Varias semanas después, toda la familia emocionada abría el paquete de la AAA lleno de mapas marcados a mano con las rutas sugeridas y guías de moteles clasificados por la AAA.

Claro, ahora muchas personas dependen del sistema GPS que tienen en sus autos y que los lleva adonde quieren ir. A menudo yo utilizo MapQuest.com. El mismo principio, ponga un punto de partida y un destino, segundos más tarde MapQuest le da tanto un mapa con las direcciones detalladas, donde vienen cuántos kilómetros entre cada punto, así como los nombres de las calles y los lugares a los qué prestar atención. Por supuesto, si usted está visitando una ciudad desconocida donde no sabe cuál es su punto de partida, las instrucciones serán completamente inútiles.

Todo proceso requiere un punto de partida. La vida cristiana comienza con el momento transformador de nacer de nuevo. De manera similar, la vida llena del Espíritu comienza con el momento transformador de ser bautizado en el Espíritu Santo.

Ya hemos examinado varios ejemplos del Nuevo Testamento de este principio de los tres bautismos. Sin embargo, si esta es una verdad bíblica válida (y lo es), también deberíamos buscar algunos ejemplos del Antiguo Testamento que anunciaron y simbolizaron el mismo principio. Permítame poner algunos a su consideración.

ABRAHAM CUMPLE SU FUNCIÓN: ¡ÉL CREE!

Podemos comenzar con Abraham. Génesis 12:1 comienza su historia diciendo:

> Y el Señor dijo a Abram:
> Vete de tu tierra,
> de entre tus parientes
> y de la casa de tu padre,
> a la tierra que yo te mostraré.

Este llamado a Abraham a dejar su país natal es una experiencia semejante a la salvación. Cuando somos salvos, dejamos el reino en que nacimos y nos convertimos en ciudadanos de un nuevo reino. Así es justamente como Pablo describe el nacer de nuevo: "Porque Él nos libró del dominio de las tinieblas y nos trasladó al reino de su Hijo amado" (Colosenses 1:13).

Dios habla a Abraham, de nombre Abram en este momento de su vida y lo llama a una relación. Abram responde a este llamado y deja atrás su antigua vida. Pablo lo confirma en Romanos 4:3, al declarar que cuando Dios lo llamó "Y creyó Abraham a Dios, y le fue contado por justicia".

El próximo hito en la vida de Abraham lo encontramos en Génesis 15:17–18:

> *Y aconteció que cuando el sol ya se había puesto, hubo densas tinieblas, y he aquí, apareció un horno humeante y una antorcha de fuego que pasó por entre las mitades de los animales. En aquel día el Señor hizo un pacto con Abram, diciendo: A tu descendencia he dado esta tierra.*

Esto describe la ceremonia de un "pacto de corte" entre Dios y Abram. Yo creo que este evento es un tipo del bautismo en agua que representa cortar con nuestros deseos carnales. Permítame explicar más.

En los tiempos antiguos dos partes hacían un pacto sagrado al sacrificar un animal, lo cortaban a la mitad y luego colocaban las dos mitades en la tierra con un espacio entre ambas. Las dos partes caminaban entre las mitades como un juramente inquebrantable de fidelidad de vida o muerte. El acto simbolizaba que las dos partes tenían un pacto de sangre.

> Para **RECIBIR** los beneficios y bendiciones de este **PACTO**, nuestro único rol es **CREER**.

Abram comprendía el significado de lo que Dios estaba haciendo cuando le ordenó que preparara este pacto de sacrificio. Abram estaba completamente preparado para caminar entre esas dos mitades con Dios. Sin embargo, Dios hizo algo maravilloso. Él hizo que Abram se durmiera. Luego aparecieron un horno humeando y una antorcha de fuego. Yo creo que el horno es un símbolo del Padre porque "el verdadero pan del cielo" viene de Él (vea Juan 6:32), y la antorcha representa al Hijo porque Él es la luz del mundo. Es decir, el Hijo aparece para representar a Abram en el acuerdo del pacto. ¿Por qué? Porque Dios sabía que Abram, como hombre caído y pecador, no podía cumplir su parte del contrato. El único rol de Abram era "creer", tener fe en la participación del Hijo y en que Él guardaría la parte del pacto en su nombre.

Por favor, comprenda este punto. Dios el Padre y Dios el Hijo hicieron un pacto por medio de la cruz hace dos mil años. El Hijo dio el paso para cumplir con nuestra parte del pacto porque, como gente pecadora y caída, nosotros no podíamos hacerlo por nuestra cuenta. Para recibir los beneficios y bendiciones de este pacto, nuestro único rol es creer.

Quizá usted esté pensando: *Eso está muy bien, Robert, pero ¿en qué sentido lo que Abram experimentó es un tipo del bautismo en agua?* Simboliza el bautismo porque las partes involucradas tenían que "atravesar" los pedazos que representaban la muerte. El animal sacrificado significaba que si alguna de las partes incumplía el pacto, morirían. Del mismo modo, pasar por las aguas del bautismo significa un tipo de muerte al viejo ser.

PROMESAS PARA LOS HIJOS DE ISRAEL

Otro acontecimiento del Antiguo Testamento ilumina esta idea con más profundidad. Usted recordará que los hijos de Israel salieron de Egipto después de que la sangre de un cordero, en los dinteles de sus puertas, hizo que el ángel de la muerte pasara por encima de sus casas. La consiguiente muerte de los primogénitos en todo Egipto fue el colmo para el faraón y por fin estuvo de acuerdo en dejar que los israelitas se fueran. Al igual que Abraham, ellos "salieron" del país pagano que había sido su hogar durante más de 400 años y se dirigieron a una tierra de promesa y bendición. En otras palabras, dejar Egipto simboliza la salvación.

¿Qué pasó inmediatamente después? Los israelitas se vieron de espaldas al mar Rojo, perseguidos por los carros del faraón. Moisés usó su vara y los israelitas "atravesaron" las aguas que de repente se habían partido a la mitad. Caminaron entre las dos mitades hasta estar a salvo. Sin embargo, cuando el ejército del faraón entró al mar, las mitades se volvieron a unir y los ahogaron, y así se cortaba la carne de la antigua vida que los israelitas dejaban atrás. En 1 Corintios 10, se nos dice que el cruce del mar representa el bautismo en agua.

EL ESPÍRITU SANTO DA PODER A ABRAHAM

Regresemos a la historia de Abraham para analizar un acontecimiento que simboliza el bautismo del Espíritu Santo. Génesis 17:5, dice: "Y no serás llamado más Abram; sino que tu nombre será Abraham; porque yo te haré padre de multitud de naciones".

Tal vez usted se pregunte: ¿Qué tiene que ver un simple cambio de nombre con el bautismo del Espíritu Santo? La respuesta es hermosamente sencilla. El cambio de Abram a Abraham requería poner el sonido "ha" en el medio. En el hebreo escrito no hay vocales, así que en el idioma original, Dios añadió el equivalente de la letra *h*. En hebreo, esta letra también es la palabra *ruah*, que representa "espíritu", "aliento" y "viento". Piense

> Para **CONVERTIR** Saray en Sara, Dios primero tenía que **QUITAR** la *y*. Podemos **APRENDER** mucha **VERDAD** en ese pequeño **DETALLE**.

cómo usted tiene que exhalar y crear aire para hacer el sonido "ha" [en español "ja", *NdelT*].

A lo largo de la Escritura, la palabra *ruah* se utiliza para hablar del Espíritu, la vida y el poder de Dios. En Génesis 1:2 aprendemos que "el Espíritu de Dios se movía sobre la superficie de las aguas" allá por el principio de la creación. En Éxodo 31:3, cuando Dios le cuenta a Moisés de un artesano muy hábil que Él ha ungido para que trabaje en los componentes del tabernáculo, Dios dice: "Y lo he llenado del Espíritu de Dios en sabiduría, en inteligencia, en conocimiento y en toda clase de arte". Esta palabra aparece una y otra vez en el Antiguo Testamento. Con Abram, Dios literalmente abre el nombre de Abram y le derrama *ruah*, Su propio Espíritu. ¡Y se convierte en Abra-*ha*-m! Es más, Dios no solo estaba cambiando el nombre de Abram. Dios estaba cambiando su identidad para reflejar la realidad de que Él había cambiado al hombre. Dios sopló en él y Abraham se convirtió en el precursor de la vida llena del Espíritu.

Abraham tenía una esposa llamada Saray. Dios puso el aliento de Su Espíritu en el nombre de Saray también:

Dios le dijo a Abraham: Tu esposa Saray, ya no se llamará así, su nombre será Sara.

Génesis 17:15, PDT

Usted observará también que para convertir Saray en Sara [Sarah, en inglés, *NdelT*], Dios primero tenía que quitar la *y*. Podemos aprender mucha verdad en ese pequeño detalle. Recibir el bautismo del Espíritu Santo requiere humildad y entrega. Las personas orgullosas y egocéntricas sencillamente no se entregan al bautismo del Espíritu Santo. Tenemos que quitar el "yo" de nuestros corazones antes de que Dios pueda derramar Su "ha" que da poder.

EL ESPÍRITU SANTO DA PODER A LOS ISRAELITAS

¿Y qué pasó con Moisés y los israelitas que salieron de Egipto? ¿Experimentaron ellos un bautismo en el Espíritu Santo durante su viaje a la tierra prometida?

En Josué 3, encontramos el relato de los israelitas cruzando el río Jordán para llegar a Canaán, la Tierra Prometida. El Señor milagrosamente abrió el agua, como con el mar Rojo, y las perso- nas cruzaron al otro lado sobre tierra seca. Después de cruzar, hubo batallas que pelear y tierras que conquistar. Pero los israelitas tuvie- ron un poder sobrenatural para ganar y triunfar. De hecho, mientras no entristecieran al Señor con desobediencia o rebelión, recibían un poder sobrenatural para cada tarea.

EJEMPLOS ASOMBROSOS, CONSEJOS SANOS

En caso que usted piense que estoy exagerando un poco al decir que estos acontecimientos del Antiguo Testamento son un símbolo del bautismo, permítame llamar a un testigo al estrado, el apóstol Pablo:

> *Porque no quiero que ignoréis, hermanos, que nuestros padres todos estuvieron bajo la nube y todos pasaron por el mar; y en Moisés todos fueron bautizados en la nube y en el mar.*
>
> 1 Corintios 10:1–2

Pablo señala que los hijos de Israel, simbólicamente, experimen- taron los tres bautismos. Ellos fueron "bautizados en Moisés, en la nube y en el mar".

- *Bautizados en Moisés*. Para los israelitas, Moisés fue el liberador, así como Jesús se convirtió en el supremo Liberador de toda la humanidad. En realidad, Hechos 3:22–26, compara a Moisés y a Jesús, señalando que Jesús cumplió la profecía de Deuteronomio 18, que predice el surgimiento de otro Libertador como Moisés de entre el pueblo judío.
- *En el mar*. Como discutimos antes, esto se refiere al cruce del mar Rojo por parte de los israelitas y representa el bautismo en agua.
- *En la nube. ¿Qué representaba la nube?* El Espíritu Santo. Los hijos de Israel fueron guiados por una nube y por una columna de fuego, así como el Espíritu Santo nos guía en la actualidad. Por supuesto, los israelitas podían escoger si querían seguir o no, la dirección de la nube. Así mismo,

nosotros debemos escoger seguir la dirección del Espíritu Santo si queremos beneficiarnos de Su liderazgo sabio y omnisciente y de Su poder.

Unos versículos después, Pablo ofrece un consejo sano sobre qué hacer con toda esta información: "estas cosas sucedieron como ejemplo para nosotros" (1 Corintios 10:6), y, "estas cosas les acontecieron como ejemplo, y están escritas para amonestarnos a nosotros" (versículo 11, RVR1960).

Amonestar significa "instruir". Pablo está explicando que las experiencias de Abraham, Moisés y los hijos de Israel con tres bautismos deberían servir como ejemplos para nosotros y han sido dadas para nuestra instrucción.

UN EJEMPLO MÁS
Si es verdad que Dios da estos tres ejemplos para nuestra instrucción, ¿qué ejemplo está siguiendo usted? La Palabra de Dios enseña claramente que debemos ser bautizados en el Libertador, el agua y la nube. Pero en caso que usted todavía esté luchando un poco con esto, permítame mostrarle un cuadro más del Antiguo Testamento.

¿Está usted familiarizado con el tabernáculo de Moisés? El tabernáculo es la tienda portátil que Dios ordenó a Moisés y a los israelitas que construyeran mientras vagaban por el desierto. Él dio instrucciones muy detalladas de cómo construirlo, desplegarlo y cómo amueblar la estructura.

El tabernáculo tenía un atrio exterior, un espacio interior llamado el lugar santo y, luego, un espacio más pequeño, adentro, que se llama el Lugar Santísimo. El arca del pacto se guardaba en el Lugar Santísimo, el lugar de la presencia manifiesta de Dios.

> **DIOS** en esencia está **DICIENDO:**
> "Si quieres **DISFRUTAR** la **PLENITUD** de Mi presencia y **PODER, TIENES** que **HACERLO** de la manera en que Yo he ordenado".

Nadie podía simplemente entrar de la calle al Lugar Santísimo. Llegar a la presencia de Dios como una persona caída y pecaminosa sería fatal. La gloria y pureza de Dios matarían a cualquier que lo intentara.

Según las instrucciones estrictas que Dios le dio a Moisés, Aarón y los sacerdotes levitas, un sumo sacerdote necesitaba pasar por las tres estaciones o tareas antes que pudiera entrar al Lugar Santísimo. Imagínese eso, ¡*tres* cosas!

Primero, el sumo sacerdote tenía que sacrificar un cordero sin mancha en el altar. Luego, el sacerdote iba a un recipiente con agua, que se llamaba lavacro, y allí se lavaba y quedaba limpio ceremonialmente. Por último el sacerdote iba a un lugar donde lo ungían con aceite. Solo el sumo sacerdote podía llegar a la presencia de Dios en el Lugar Santísimo.

Estoy seguro de que no tengo que explicarle la importancia simbólica de estos pasos. La sangre del cordero sin mancha era sin duda una referencia a la salvación por medio de la sangre de Jesús. El lavado con el agua del lavacro representa el bautismo en agua. Y el aceite siempre ha sido un símbolo del Espíritu Santo en la Escritura. El derramamiento del aceite de la unción sobre la cabeza del sacerdote es una imagen maravillosa de la unción sobre un creyente que es bautizado en el Espíritu Santo.

A pesar de las instrucciones claras con respecto a los tres bautismos de los que hemos estado hablando, lo siguiente es lo que veo hacer a muchos creyentes. Ellos quieren experimentar las bendiciones y beneficios de la presencia de Dios. Así que, en esencia, entran al tabernáculo y dicen: "Sí, recibo la sangre del Cordero. Y sí, me lavaré con el agua, pero no creo que quiera tener nada que ver con ese aceite de la unción. He visto que pasan cosas extrañas con eso. Me gustaría evitar ese paso. No obstante, sí quiero pasar a la presencia de Dios".

Eso no es muy inteligente. Como hemos visto a lo largo de nuestra discusión, Dios en esencia está diciendo: "Si quieres disfrutar la plenitud de Mi presencia y poder, tienes que hacerlo de la manera en que Yo he ordenado".

La sangre del cordero, el lavacro y el aceite de la unción representan claramente los tres bautismos: salvación, cuando el Espíritu Santo nos bautiza en el cuerpo de Cristo; bautismo en agua, cuando nos bautizamos en agua, luego de recibir a Jesús como nuestro Señor y Salvador; y bautismo en el Espíritu, cuando Jesús nos bautiza con poder de lo alto, ¡el Espíritu Santo!

EN RESUMEN

¿Ha experimentado usted los tres bautismos? ¿Será posible que usted sea un creyente nacido de nuevo que se ha perdido uno o dos bautismos? Muchas personas fueron rociadas o bautizadas siendo niños; más adelante, le entregaron sus vidas a Jesús, pero nunca fueron bautizadas por inmersión. Si ese es su caso, se está perdiendo la bendición que viene de obedecer en ese aspecto. Una obra de gracia maravillosa está disponible para usted por medio del bautismo en agua.

O tal vez usted ha descuidado o incluso se ha resistido al tercer bautismo del aceite de la unción del Espíritu Santo. Si es así, le insto a que deje a un lado cualquier obstáculo de orgullo u obstinación que le ha impedido rendirse de manera completa y total a todo lo que Dios tiene para usted. Dar este paso es tan sencillo como pedir y recibir. Puede hacerlo ahora, justo donde está. Pídale a Jesús, nuestro maravilloso Señor y Salvador, que le bautice ahora mismo en el Espíritu Santo.

PARTE 5

EL DADOR

13

Actos de gracia

Un amigo estaba pesando en ponerle a su hija que estaba por nacer Karis. Él y su esposa pensaban que era un nombre bonito, y les gustaba que implicara el significado de "gracia".

Cuando mi amigo me dijo que estaban considerando ese nombre, yo le respondí: "Permíteme sugerirte que *no* lo hagas".

Desconcertado al ver que yo tenía esa opinión con respecto al nombre de su futura hija, me miró un poco raro y me preguntó:

—¿Por qué no?

—Porque tu apellido es Matix —le contesté—. ¿Realmente quieres que el nombre de tu hija sea Karis Matix?

Ya que él todavía parecía confundido, dije el nombre en voz alta una vez más. Entonces se le alumbró el foco cuando escuchó cuánto "Karis Matix" sonaba como "carismáticos".

Menos mal que escogieron un nombre diferente para la niña porque, como explicaré en breve, la palabra *carismático* tiene implicaciones negativas para algunas personas.

REGALOS DE GRACIA

Dentro de la palabra *carismático* está *carisma*, una palabra que tomamos prestada de los griegos (el plural en griego es *carismata*). Cuando los griegos usaban *carisma* en una oración, no se referían al encanto ni a la personalidad. Para ellos *carisma* significaba literalmente "regalo de gracia". En otras palabras, describía un regalo que alguien le daba a usted porque halló gracia inmerecida ante sus ojos.

Claro, cuando uno lo piensa, todos los regalos verdaderos son por gracia. Si usted, de alguna manera, se gana lo que recibe, en realidad no es un regalo. En cambio sería un pago o compensación. Por definición un regalo es un acto de gracia.

Eso hace que la palabra *carismata* (regalos de gracia) sea un poco redundante. Sin embargo, Dios la puso en la Biblia de esta manera para enfatizar algo importante. Es como si *carismata* fuera una declaración doble de la verdad que dice que no merecemos, ni nos ganamos, las cosas que Dios pone en nuestras vidas. Él nos da Sus regalos de gracia sencillamente porque nos ama y porque Él es bueno.

A lo largo de este libro hemos visto que el poder transformador del Espíritu Santo en nuestras vidas es enorme. Sin embargo, Su poder solo funciona hasta el punto en que nosotros le permitamos cambiarnos. Tener disponible el poder del Espíritu Santo no es lo mismo que ponernos a disposición del poder transformador del Espíritu Santo. Tenemos que rendirnos. Nuestro yo obstinado y orgulloso tiene que someterse. Tenemos que *recibir*.

Al continuar analizando el Espíritu Santo, exploraremos el hecho de que Jesús nos envió un ayudador y amigo que viene a traernos regalos de gracia.

Confusión carismática

Al igual que con la etiqueta de *Pentecostal*, la palabra *carismático* implica una serie de significados. En la cultura general, usamos la palabra *carisma* para describir aquellas personas que tienen mucha personalidad y atractivo. Se describe a muchos políticos exitosos como "carismáticos". Una estrella de Hollywood pudiera tener mucho "carisma".

Cuando usamos el término en círculos cristianos, *carismático* implica connotaciones completamente diferentes. Hablamos de "los carismáticos" así como del "movimiento carismático.

Para algunas personas, los carismáticos participan en un estilo de adoración que usa música contemporánea mientras alzan las manos de vez en cuando. Para otras, los carismáticos son aquellos que creen que Dios todavía sana a las personas milagrosamente, tal y como lo hizo cuando la Biblia estaba siendo escrita, y que es correcto que Su pueblo le pida que lo haga. Otros consideran que cualquiera que reconoce el papel activo del Espíritu Santo en las vidas de los creyentes en la actualidad, es carismático.

Este rango de definiciones crea muchas oportunidades para la confusión y los malentendidos. Por ejemplo, en los primeros años, después de la fundación de la iglesia que pastoreo, a menudo las personas me preguntaban: "Entonces, ¿qué tipo de iglesia es? ¿Es carismática?" Yo siempre encabezaba mi respuesta diciendo: "Bueno, eso depende de lo que usted quiera decir con carismática".

Luego proseguía: "Si quiere saber si creemos en la presencia de la persona del Espíritu Santo y Su obra, entonces la respuesta es un sí rotundo. Si quiere saber si creemos que todos los dones del Espíritu Santo que se mencionan en el Nuevo Testamento todavía están disponibles y activos, de nuevo la respuesta es sí. Pero no me siento cómodo con algunas de las cosas que usted puede haber visto en televisión o en otras iglesias que se han asociado con la palabra *carismático*. Sin duda eso *no* es lo que somos como iglesia".

CÓMO DEFINE CARISMA LA BIBLIA

Como dije antes, la palabra *carisma* o *carismata* aparece en múltiples ocasiones en el Nuevo Testamento en referencia a la obra del Espíritu Santo en la vida de un creyente. La palabra se utiliza cada vez que usted lee sobre los "dones del Espíritu". Para comenzar nuestra exploración en acuerdo, permítame ofrecerle lo que yo considero una definición bíblica de *carisma*:

Carisma es la implementación instantánea del Espíritu Santo en la vida de cualquier creyente para ejercer un don para la edificación de otros.*

Esta es, probablemente, la mejor definición de *carisma* que conozco. Observe que dice "cualquier creyente". Esta implementación

> Muchas **PERSONAS** están confundidas y son **IGNORANTES** en cuanto a los **DONES** espirituales.

---

* Bill Konstantopolous, "The Manifestations of the Holy Spirit," Sermon Index, 19 de junio de 2006, www.sermonindex.net/modules/newbb/viewtopic.php?topic_id =11094&forum=34&0.

sobrenatural, a quienes muchos llaman dones espirituales, no está reservada para personas en el ministerio a tiempo completo ni para algún tipo de cristianos ultra superespirituales.

Incluso en el cuerpo de Cristo, muchas personas están confundidas y son ignorantes en cuanto a los dones espirituales. No es mi intención ser descortés al usar la palabra *ignorantes*. Quiero decir que muchas personas actúan sin comprender de manera real y correcta lo que la Biblia enseña sobre este tema tan importante.

Este problema no es nuevo. Pablo comienza 1 Corintios 12 con las palabras: "En cuanto a los dones espirituales, no quiero, hermanos, que seáis ignorantes" (versículo 1). Al parecer, hace dos mil años había también mucha confusión e ignorancia con relación a los dones espirituales.

Pablo en realidad usa la frase "en cuanto a" en ocho oportunidades diferentes en 1 Corintios. A pesar del nombre que este libro tiene en nuestras Biblias, 1 Corintios en realidad no fue la primera carta de Pablo a la iglesia de Corinto. En 1 Corintios 5:9, Pablo menciona una carta que había escrito antes y que al parecer generó varias controversias en la iglesia y dio lugar a muchas preguntas en las mentes de los creyentes corintios. Ellos le escribieron a Pablo para pedir aclaración con respecto a estos temas.

Él comienza 1 Corintios 7 diciendo: "En cuanto a las cosas de que me escribisteis" (versículo 1).

En 1 Corintios 7:25, Pablo escribe: "En cuanto a las doncellas".

Pablo comienza 1 Corintios 8 así: "En cuanto a lo sacrificado a los ídolos" (versículo 1).

Eso continúa a lo largo de toda la carta. (Tal vez esta es la razón por la que el Espíritu Santo consideró que la carta anterior de Pablo no se incluyera en el canon de la Escritura. Obviamente, provocó más preguntas que respuestas y en lugar de disminuir, los problemas que estos creyentes enfrentaban aumentaron.)

Además de enfrentar confusión, la iglesia en Corinto no era una congregación judía. Eran gentiles convertidos. Además, la ciudad de Corinto era una ciudad portuaria, adinerada, pero malvada que estaba en la intersección de varias rutas clave para el comercio. La ciudad estaba cubierta de templos dedicados a diferentes dioses griegos y romanos, incluyendo un templo enorme dedicado a la diosa Afrodita, que se cuenta que empleaba a más de mil prostitutas para sus rituales. Los dos ídolos que los ciudadanos corintios adoraban más eran el dinero y el sexo.

Con este trasfondo en mente, regresemos a lo que Pablo escribe a estos creyentes sobre los dones espirituales: "En cuanto a los dones espirituales, no quiero, hermanos, que seáis ignorantes" (1 Corintios 12:1).

> Los dos **ÍDOLOS** que los ciudadanos corintios **ADORABAN** más eran el **DINERO** y el **SEXO**.

Obviamente, los creyentes dentro de la iglesia habían experimentado cierta confusión en cuanto a cómo funcionaban los dones espirituales y cómo debían utilizarse en la iglesia, especialmente durante los servicios de adoración. Con la frase anterior, Pablo comienza una sección de instrucción y explicación que abarca tres capítulos de la Biblia. Veamos los primeros de estos versículos y luego vamos a desglosarlos:

Ahora bien, hay diversidad de dones, pero el Espíritu es el mismo. Y hay diversidad de ministerios, pero el Señor es el mismo. Y hay diversidad de operaciones, pero es el mismo Dios el que hace todas las cosas en todos.

Versículos 4–6

Observe las frases "el Espíritu es el mismo", "el Señor es el mismo," y "el mismo Dios". Yo creo que esto es una referencia al Espíritu Santo, el Hijo y el Padre, respectivamente. El mensaje de Pablo es este: "Hay muchos dones diferentes (carismata), y muchos 'ministerios' y 'actividades' diferentes en los que esos dones pueden expresarse, pero el mismo Dios trino sigue estando detrás de todos ellos".

La palabra griega que se tradujo como "operaciones" en el versículo anterior es energema, que significa "la cosa que es producida" o "el resultado". Energema es también la raíz griega para la palabra energía. Pablo está enseñando que cuando usted conecta un "don" espiritual a un "ministerio", se obtiene un "resultado" poderoso.

¿Qué tipo de resultados producirá este proceso? Pablo nos dice en el versículo siguiente: "Pero a cada uno se le da la manifestación del Espíritu para el bien común" (versículo 7).

> Él nos da **DONES** para que podamos ser una **BENDICIÓN** para **OTROS**.

¿Por qué el Espíritu Santo nos da dones espirituales? Para que los dones puedan funcionar libremente en los "ministerio" "para el bien común". Él nos da dones para que podamos ser una bendición para otros. Observe también que estos dones se dan "a cada uno". No a algunos. No a la mayoría. "Cada uno" de nosotros es receptor de estos dones espirituales en varios momentos y lugares si hemos nacido de nuevo y si estamos dispuestos a ser usados por Dios para producir "el bien común".

EL DUEÑO DE LOS DONES

Todo esto provoca dos preguntas importantes: ¿Qué tipos de dones? ¿Cómo son estos dones? En los versículos siguientes Pablo enumera nueve de ellos:

> Pues a uno le es dada palabra de sabiduría por el Espíritu; a otro, palabra de conocimiento según el mismo Espíritu; a otro, fe por el mismo Espíritu; a otro, dones de sanidad por el único Espíritu; a otro, poder de milagros; a otro, profecía; a otro, discernimiento de espíritus; a otro, diversas clases de lenguas, y a otro, interpretación de lenguas. Pero todas estas cosas las hace uno y el mismo Espíritu, distribuyendo individualmente a cada uno según la voluntad de Él.
>
> 1 Corintios 12:8–11

Podemos clasificar estos nueve dones en tres grupos diferentes, y los examinaremos más detalladamente en breve. Sin embargo, permítame explicarle algo sobre los dones que generalmente no se entiende. Algunas personas leen esta lista y suponen que Dios mira a una persona y dice: "Eh…creo que le daré a Marcos el don de palabra de conocimiento". Entonces mira a Susana y dice: "Creo que le daré el don de la fe". La suposición es que el Espíritu Santo asigna un don a estas personas por el resto de sus vidas y ellas son dueñas de ese don para siempre.

En realidad no es así como funciona la entrega de estos dones. El Espíritu Santo es dueño de todos los dones, siempre. Cuando yo fui bautizado en el Espíritu Santo, no recibí solamente un don, de una vez y para siempre. A lo largo de los años Él ha conferido todos estos dones en mi vida para momentos especiales en ciertas circunstancias. Yo no escojo qué don quiero en cada ocasión. Como nos recuerda el versículo anterior, Él distribuye "individualmente a cada uno según la voluntad de Él".

Más adelante en su carta a los corintios, Pablo resume lo que ocurrirá cuando los creyentes se reúnan:

> ¿Qué concluimos, hermanos? Que cuando se reúnan, cada uno puede tener un himno, una enseñanza, una revelación, un mensaje en *lenguas, o una interpretación. Todo esto debe hacerse para la edificación de la iglesia.
>
> 1 Corintios 14:26, NVI

El mensaje claro aquí es que *cada* persona puede venir con *todo* lo que Pablo menciona: un salmo, enseñanza, revelación, lenguas o interpretación, según la frase "cada uno".

Es por eso que yo creo que cualquier cristiano, en cualquier momento, puede recibir una palabra de conocimiento. Cualquier creyente en cualquier momento puede recibir un don de fe o un milagro o sanidad. El Espíritu Santo decide porque los dones le pertenecen a Él y Él los distribuye a través de nosotros

> El Espíritu Santo es **DUEÑO** de todos los **DONES, SIEMPRE**.

individualmente para el beneficio de todos.

A lo largo de los capítulos siguientes, daremos un vistazo a las tres categorías más amplias de los dones. Es entonces cuando exploraremos la función de estos dones detalladamente. Por ahora, solo necesitamos tener un conocimiento general de estos, sobre todo antes de profundizar en el tema que pudiera ser más controversial y problemático para algunas personas. Por supuesto, me refiero al tema de hablar en lenguas.

Por ahora, vamos a familiarizarnos brevemente con los dones de discernimiento, los dones declarativos y los dones dinámicos.

14

Los dones de discernimiento

Una vez estaba en una cafetería cenando con mi esposa, Debbie, cuando vi a un hombre musculoso y a una mujer, que luego supe que era su esposa, llevar sus bandejas a una mesa vacía que estaba cerca de nosotros.

En cuanto miré a este hombre supe algo sobre él. Me di cuenta que ese conocimiento venía del Espíritu Santo porque nunca antes en mi vida había visto a este hombre. También sabía que el Espíritu Santo no da un conocimiento así sin tener una buena razón. Dios amaba a este hombre y quería ayudarlo.

Con los años, he aprendido a operar en base a percepciones sobrenaturales como estas sin parecer raro o extraño. Como dije, mi amigo el Espíritu Santo no es raro. Él solo quiere ver a las personas libres y completas. Me levanté y caminé hacia la mensa de la pareja y le dije: "Perdone, usted no me conoce, pero, ¿puedo hacerle una pregunta?".

El hombre me miró un poco sorprendido, pero dijo: "Claro".

"¿Usted ha levantado pesas algunas vez?", le pregunté. Esto no era algo sobrenatural de mi parte. Solo necesitaba algo simpático para romper el hielo. Cualquiera que mirara a este hombre fornido habría concluido que pasaba mucho tiempo en el gimnasio. Después supe que en realidad era un ex fisiculturista que había ganado el premio "Mr. America" en algún momento.

Él y su esposa se rieron un poquito y luego él dijo: "Sí, he levantado algunas pesas".

"Bueno, esto puede parecerle raro", continué, "pero creo que Dios me dijo algo muy personal e importante sobre usted. Me pregunto si le importaría que se lo dijera".

Sus ojos se pusieron muy grandes y miró a su esposa un instante. Entonces, dijo: "Por supuesto, siéntese".

"El Espíritu Santo me mostró una imagen de cuando usted era niño. Lo vi sentado en el regazo de su abuela, usted lloraba. Ella le dijo que Dios podía hacerlo fuerte como Sansón si usted prometía servirle. Le vi hacer ese compromiso de servir a Dios y honrarle con su vida. Bueno, Dios me dijo que le dijera que Él cumplió con Su parte del trato, pero que usted no cumplió con su promesa".

> "Yo le **PROMETÍ** a Dios que si me hacía **FUERTE**, le **SERVIRÍA** toda mi **VIDA**".

El hombre me miró unos segundos con una mirada carente de expresión que me hizo pensar si yo me había equivocado. Sin duda, ¡este no era un hombre al que yo quisiera ofender! Pero justo cuando comenzaba a orar por una forma de escape rápida, su barbilla comenzó a temblar y grandes lágrimas rodaban por su rostro. Miró a su esposa y ella también comenzó a llorar. ¡Resulta que él acababa de contarle a ella esa historia!

El hombre dijo: "Señor, a mí me crió mi abuela. Mi padre se marchó cuando yo nací y mi madre unos años después. Un día, cuando yo tenía como ocho años, unos niños me estaban tirando piedras, solo por maldad. Una me dio en la cabeza y me hirió, me fui a casa llorando. Fue entonces cuando mi abuela me sentó en su regazo y me contó la historia de Sansón. Yo le prometí a Dios que si me hacía fuerte, le serviría toda mi vida. Acababa de decirle a mi esposa que he estado pensando en esa promesa últimamente, pero realmente no sabía cómo acercarme a Dios".

Los llevé a ambos al Señor en ese momento y a la semana siguiente se bautizaron. En este caso, el Espíritu Santo me dio el don de palabra de conocimiento.

Como hemos visto, este don aparece en 1 Corintios 12:8–11, como uno de los nueve dones espirituales que el Espíritu distribuye a cada creyente según Su voluntad. Esto es otro recordatorio de que el

Espíritu Santo es una persona, que tiene mente, voluntad y emociones. Él escoge.

Al principio de esa lista encontramos: "Pues a uno le es dada palabra de sabiduría por el Espíritu; a otro, palabra de conocimiento según el mismo Espíritu" (1 Corintios 12:8). La "palabra de sabiduría" y la "palabra de conocimiento". Podemos clasificar estos dos dones del Espíritu dentro de los dones de discernimiento. Otro término adecuado sería el de dones de percepción. Cualquiera de los nombres encaja porque cuando estos dones operan, usted tiene poder para discernir o percibir ciertas verdades que pueden ayudar a otra persona. Tengan en mente que estos dones siempre se dan para bendecir y beneficiar a otros. ¡Y otros operarán en estos dones para bendecirle y beneficiarle a usted!

UNA PALABRA DE CONOCIMIENTO

¿Cómo son estos dones cuando operan? Comencemos con el don que el Espíritu usó para tocar la vida de ese fisiculturista aquel día en la cafetería, la "palabra de conocimiento".

Una palabra de conocimiento es el Espíritu Santo dejándole saber algo específico que usted no aprendió por medios naturales. Es una transferencia sobrenatural de información que no es posible que usted conociera a través de procesos naturales.

Jesús operaba en este don constantemente. ¿Recuerda Su encuentro con la mujer samaritana en el pozo? Ella le dijo a Jesús que no estaba casada y él respondió diciéndole: "Jesús le dijo: Bien has dicho: "No tengo marido", porque cinco maridos has tenido, y el que ahora tienes no es tu marido; en eso has dicho la verdad" (Juan 4:17–18).

Era información muy específica la que Jesús sabía acerca de una completa extraña. Claro, quizá usted esté pensando que Jesús era Dios hecho carne y conocía información así porque era Dios. Esa es una suposición común, pero falsa. Jesús sí era completamente Dios y completamente hombre, pero no vivió Su

> Jesús sí era **COMPLETAMENTE DIOS** y completamente hombre, pero no **VIVIÓ** Su vida **ACCEDIENDO** a Su **DEIDAD**.

vida accediendo a Su deidad. Filipenses 2, nos dice que Él "se despojó a sí mismo" de todos Sus derechos y privilegios como Dios "tomando forma de siervo, haciéndose semejante a los hombres" (versículo 7). Jesús no hizo un solo milagro hasta que el Espíritu Santo descendió sobre Él, justo después de Su bautismo. Una y otra vez Jesús les dijo a Sus discípulos que Él solo decía lo que había escuchado decir al Padre y que hacía lo que el Padre, por medio de Su Espíritu Santo, le ordenaba (vea Lucas 4:1; Juan 5:19; 8:28). Jesús demostró lo que es posible para una persona completamente rendida y obediente al Espíritu Santo.

Por cierto, el Espíritu Santo no reveló a Jesús el secreto de la mujer samaritana para avergonzarla. Lo hizo para abrir sus ojos porque Dios la amaba y quería que ella fuera libre

> Jesús demostró LO QUE ES POSIBLE para una PERSONA completamente RENDIDA y OBEDIENTE al Espíritu Santo.

y redimida. Los dones del Espíritu siempre se dan para edificar, animar y para liberar a los cautivos.

Esta, ciertamente, ha sido mi experiencia a lo largo de los años con este don maravilloso, incluyendo mi encuentro con el ex Mr. America. El poder de una palabra de conocimiento es uno de los incidentes más emocionantes y gratificantes de los que podemos ser parte. Y este regalo está disponible a todo creyente que se rinde al Espíritu Santo y obedece a Sus indicaciones.

DISCERNIMIENTO DE ESPÍRITUS

Otro don en la lista de los nueve que se encuentran en 1 Corintios 12:8–11, que cae dentro de la categoría de los dones de discernimiento, es lo que la Biblia llama "discernimiento de espíritus". Este don implica que el Espíritu Santo hace que el creyente esté consciente de la presencia de un espíritu demoniaco.

Espero que no le asombre escuchar que los espíritus demoniacos están presentes en nuestro mundo actual. Si se les permite, ellos influirán en los pensamientos, la conducta y las actitudes de las personas. Yo no creo que haya un demonio en cada esquina ni que cada vez que su cónyuge esté de mal humor, el diablo esté directamente involucrado; pero la Biblia enseña claramente que los demonios sí influyen en las personas de vez en cuando, incluso en los cristianos. No dije "poseen"; dije "influyen".

Además, observe que a este don se le llama "discernimiento de espíritus," no "el don del discernimiento". No puedo contar las veces en que escuchado a alguien decir que opera en "el don del discernimiento". En la Biblia no se menciona tal don. En mi experiencia, lo que las personas realmente quieren decir es que tienen un talento natural para la crítica y el juicio.

Claro que necesitamos discernimiento. A todos los creyentes se les anima a discernir entre el bien y el mal. Pero eso no es un don espiritual. Según Hebreos 5:14, discernimos con nuestros sentidos naturales: "Pero el alimento sólido es para los adultos, los cuales por la práctica tienen los sentidos ejercitados para discernir el bien y el mal". Es decir, aprendimos a discernir entre el bien y el mal a través del sentido común y la madurez.

Por otro lado, el discernimiento de espíritus es un don que otorga el Espíritu Santo. El apóstol Pablo opera en este don en Hechos 16, donde Lucas, el escritor de Hechos, describe algunas de las actividades de Pablo y Silas en una ciudad llamada Filipos:

> Y sucedió que mientras íbamos al lugar de oración, nos salió al encuentro una muchacha esclava que tenía espíritu de adivinación, la cual daba grandes ganancias a sus amos, adivinando. Esta, siguiendo a Pablo y a nosotros, gritaba diciendo: Estos hombres son siervos del Dios Altísimo, quienes os proclaman el camino de salvación. Y esto lo hacía por muchos días; mas desagradando esto a Pablo, se volvió y dijo al espíritu: ¡Te ordeno, en el nombre de Jesucristo, que salgas de ella! Y salió en aquel mismo momento.
>
> Versículos 16–18

¿Cómo supo Pablo que esta chica tenía un espíritu maligno de adivinación? Lo que ella dijo no era malo. Ella seguía a Pablo y gritaba algo que en realidad era verdad. Sin embargo, solo porque sus palabras fueran verdad no significa que la fuente fuera divina. La chica estaba convirtiéndose en una distracción para el trabajo de Pablo y a él le preocupaba que su ministerio corriera el peligro de verse asociado con ella.

Después de soportarla por varios días, finalmente, él se hartó y echó fuera de ella al demonio. Pero solo supo que había un demonio porque el Espíritu Santo se lo reveló por medio del el don de discernimiento de espíritus.

> Cuando usted REPRENDE a un espíritu en el NOMBRE de JESUCRISTO, este tiene que HUIR.

Piénselo. Si un espíritu demoniaco viniera contra su negocio, su casa o su familia, ¿no sería bueno que el Espíritu Santo se lo hiciera saber? Una vez estamos conscientes del ataque del enemigo, simplemente podemos ejercer autoridad sobre él por la autoridad de la sangre de Jesús. Cuando usted reprende a un espíritu en el nombre de Jesucristo, como lo hizo Pablo en el relato anterior, este tiene que huir.

UNA PALABRA DE SABIDURÍA

Los dones del Espíritu son cosas maravillosas. ¡Dios da buenas dádivas a Sus hijos! Otro de los dones de discernimiento es "la palabra de sabiduría". Este don del Espíritu Santo es sencillamente una respuesta o solución divina para una pregunta o desafío en particular.

A veces la palabra de sabiduría viene al saber justo qué *decir*. Jesús operaba en este don constantemente. Cuando un grupo de escépticos lo confrontaba, seguros de que iban a hacer tropezar a Jesús con una pregunta difícil, Él siempre les sorprendía con algo inesperado.

En otras ocasiones, este don consiste en saber exactamente qué *hacer*. Cuando Jesús y Pedro estaban a punto de atrasarse con el pago del impuesto del templo, Jesús recibe una palabra de sabiduría que resuelve el problema para ambos: "ve al lago, echa el anzuelo, y toma el primer pez que saques. Al abrirle la boca, hallarás una moneda. Tómala, y dásela a ellos por ti y por mí" (Mateo 17:27, RVC). Pedro obedece. Problema resuelto.

Pablo también fue receptor de este don en múltiples ocasiones. En Hechos 27, lo encontramos prisionero del gobierno romano en un barco que se dirigía a Roma. Viene una tormenta terrible y el barco está a punto de hundirse. La tripulación del barco está por escaparse en el único bote salvavidas, dejando atrás a Pablo, a sus compañeros prisioneros y a los guardias romanos. En el momento crucial, mientras todos están aterrados y paralizados por el miedo, Pablo sabe qué hacer. Les dice a los guardias romanos qué hacer para salvarse todos. Los guardias lo escuchan y todos se salvan, tal y como Pablo había prometido.

En Juan 9, vemos a un hombre, a quien Jesús recientemente había sanado de ceguera, operar en este don. Este hombre era ciego de nacimiento y cuando de pronto apareció con la vista restaurada, los líderes religiosos le hicieron un fuerte interrogatorio pues buscaban una excusa para condenar a Jesús de algún delito. Sin duda, este hombre era un anuncio ambulatorio del poder y la autoridad de Jesús, y las cómodas élites religiosas querían que el ex ciego se callara o quedara desacreditado.

Los fariseos entrevistan al hombre sanado, pero ninguna de sus respuestas les parece porque él le da a Jesús todo el crédito y la gloria. Así que traen a la fuerza a los padres para entrevistarlos; ellos, sabiamente, se hacen los tontos. Les dicen: "Sabemos que este es nuestro hijo, y que nació ciego; pero cómo es que ahora ve, no lo sabemos; o quién le abrió los ojos, nosotros no lo sabemos. Preguntadle a él; edad tiene, él hablará por sí mismo" (versículos 20–21).

Me gusta eso. Los padres del hombre dicen: "¿Por qué nos preguntan a nosotros? Él es un adulto. ¡Pegúntenle a él!"

> Sin duda este **HOMBRE** era un **ANUNCIO** ambulatorio del poder y la **AUTORIDAD** de **JESÚS**.

Así que los líderes religiosos traen nuevamente al hombre sanado para otro interrogatorio. Estos son maestros de la ley, muy educados y respetados. Son expertos en debates. Están convencidos de que pueden ponerle una zancadilla o ser más astutos que un don nadie, analfabeto, que había sido un mendigo toda su vida. Sin embargo, los planes bien elaborados de los fariseos fracasan cuando este "don nadie" comienza a operar en la palabra de sabiduría en sus respuestas:

Por segunda vez llamaron al hombre que había sido ciego y le dijeron: Da gloria a Dios; nosotros sabemos que este

hombre es un pecador. Entonces él les contestó: Si es peca-
dor, no lo sé; una cosa sé: que yo era ciego y ahora veo. Le
dijeron entonces: ¿Qué te hizo? ¿Cómo te abrió los ojos? El
les contestó: Ya os lo dije y no escuchasteis; ¿por qué queréis
oírlo otra vez? ¿Es que también vosotros queréis haceros dis-
cípulos suyos? Entonces lo insultaron, y le dijeron: Tú eres
discípulo de ese hombre; pero nosotros somos discípulos de
Moisés. Nosotros sabemos que Dios habló a Moisés, pero en
cuanto a éste, no sabemos de dónde es. Respondió el hom-
bre y les dijo: Pues en esto hay algo asombroso, que vosotros
no sepáis de dónde es, y sin embargo, a mí me abrió los ojos.
Sabemos que Dios no oye a los pecadores; pero si alguien
teme a Dios y hace su voluntad, a éste oye. Desde el princi-
pio jamás se ha oído decir que alguien abriera los ojos a un
ciego de nacimiento. Si éste no viniera de Dios, no podría
hacer nada.

Juan 9:24–33

Un ex mendigo que había pasado un corto tiempo con Jesús fue
más listo que todo un panel de profesionales. ¡Ese es el don del Espíritu de palabra de sabiduría!

He visto este don asombroso y útil operar en mí y a mí alrededor
muchas veces. Dios me ha usado para ofrecer una palabra de sabiduría a otros de vez en cuando. Y me he beneficiado del don según este
ha operado en otros.

La palabra de sabiduría, la palabra de conocimiento y el discernimiento de espíritus, estos son los dones de discernimiento. Son maravillosos, pero el Espíritu Santo tiene más, mucho más en Su arsenal
de bendiciones y poder.

15

Los dones declarativos

Tal vez usted vio el episodio del programa *America's Got Talent* donde una niña de diez años dejó sin habla al público del estudio, y a gran parte del mundo, por su voz. De las cuerdas vocales de esta niñita salió una voz muy sonora, cálida y madura para sus cortos años. De hecho, con aquella voz enorme que cantaba arias de óperas, ¡muchas personas se quedaron en shock cuando solo alcanzó el segundo lugar en el programa! Está claro que la voz de la pequeña Jackie Evancho era un don físico único.

Aunque muy pocos tenemos el don de una vocalización inigualable, el Espíritu Santo sí da una serie de dones espirituales a los creyentes, que algunos teólogos llaman los dones vocales. Yo prefiero llamarlos los dones declarativos.

Como acabamos de explorar, los dones de discernimiento involucran descargar a la mente información de manera sobrenatural. Estos dones le permiten conocer algo que usted no aprendió por medios naturales. Los dones declarativos involucran un tipo de declaración de verdad divina o un mensaje sobrenatural.

Demos un nuevo vistazo a esta sección de la lista de Pablo. Él dice que el Espíritu Santo da "a otro…profecía…a otro, diversas clases de lenguas, y a otro, interpretación de lenguas" (1 Corintios 12:10). Aquí tenemos tres dones únicos y maravillosos: profecía, diversas lenguas e interpretación de lenguas. Demos un vistazo rápido a cada uno.

Mensajes proféticos de ánimo

Cuando algunas personas escuchan la palabra *profecía*, enseguida piensan en términos de predecir el futuro. Una palabra de profecía sin duda puede ser algo con relación a un evento futuro, pero no siempre es así. Cuando la Biblia habla de una palabra de profecía sencillamente se refiere a "un mensaje de ánimo de parte de Dios entregado a través de un instrumento humano a otra persona o personas". Por favor, observe tres elementos en esa definición. Primero, una palabra de profecía es un mensaje de ánimo, no de desánimo, ni de juicio, ni de corrección o reprensión. En 1 Corintios 14:3, Pablo presenta los tres roles de la profecía: "Pero el que profetiza habla a los hombres para edificación, exhortación y consolación". Una gran manera de probar la validez de una palabra profética es preguntar: "¿Esta palabra de profecía trajo edificación, exhortación o consuelo al oyente?"

El don de profecía está entre los más prominentes e importantes de todos los dones espirituales que el Espíritu Santo otorga. De hecho, justo dos versículos antes, Pablo da esta orden: "Procurad alcanzar el amor; pero también desead ardientemente los dones espirituales, sobre todo que profeticéis" (versículo 1).

Pablo dice que es bueno querer los dones que el Espíritu Santo da. Todos son maravillosos, emocionantes y beneficiosos para el cuerpo de Cristo, pero debemos desear especialmente operar en el don de profecía. Obviamente, no es un don apartado solo para unos pocos ni para una clase elitista de súper santos. La Escritura no nos exhortaría a desear el don de profecía si no estuviera disponible para todos.

MENSAJES EN LENGUAS DESCONOCIDAS

Esto nos lleva al próximo de los dones declarativos, el maravilloso don de lenguas. No es casualidad que Satanás parezca oponerse a este don más que a ninguno de los otros ocho. El diablo trabaja horas extras para sembrar duda, confusión y temor en las mentes de los creyentes con respecto a este don del Espíritu Santo. Pero lo único que realmente necesitamos saber sobre el don de lenguas es que es un *don de Dios el Espíritu Santo*. Si el Dios que nos ama y que dio a su amado Hijo para morir por nosotros quiere que tengamos este don, ¿por qué tenerle miedo?

Muchas personas no reconocen la diferencia entre "el don de lenguas" que el Espíritu Santo otorga en ciertas ocasiones al repartirlo "según Su voluntad" y el "lenguaje de oración" que los creyentes reciben cuando son bautizados en el Espíritu Santo, ya sea que se den cuenta y lo activen, o no. El *don* de lenguas es un mensaje, de parte de Dios, para otros

> Si el **DIOS** que nos **AMA** y que **DIO** a su amado Hijo para morir por nosotros **QUIERE** que tengamos este don, ¿**POR QUÉ** tenerle **MIEDO?**

en un idioma desconocido para la persona a través de quien viene el mensaje. En el próximo capítulo hablaré más sobre la diferencia entre el don de lenguas y la gracia del lenguaje de oración (orar en el Espíritu).

Gran parte de lo que Pablo escribe en 1 Corintios 14, está diseñado para dar a la iglesia en Corinto instrucciones y directrices sobre cómo deben ser usados los dones del Espíritu, sobre todo el don de lenguas, en los servicios de adoración.

Puede que usted recuerde que Pablo escribió esta carta porque la iglesia en Corinto tenía muchas preguntas y confusión sobre cómo manejar ciertos asuntos. Pablo comienza esta sección al principio del capítulo 12, con las palabras: "En cuanto a los dones espirituales".

Al parecer este grupo de creyentes estaba muy entusiasmado con el don de lenguas y lo practicaban mucho en sus servicios de adoración, pero estaban descuidando la expresión de otros dones espirituales como la profecía. Como señala Pablo, el problema es que, a menos que alguien interprete un mensaje en lenguas, las demás personas de la congregación no pueden ser animadas, edificadas o consoladas. Es más, los visitantes en el servicio, sobre todo los no creyentes, podrían pensar que ustedes son un montón de locos.

Pablo trata este asunto siguiendo 1 Corintios 12, que trata sobre los dones espirituales, con el capítulo 13, que trata de andar en amor con respecto a los demás. Dios ama a las personas y quiere que Su pueblo refleje y comparta ese amor por un mundo en perdición y muerte. Podemos emocionarnos tanto con el poder de Dios que fluye a través de nuestras vidas por medio de los dones del Espíritu Santo, que se nos olvida la razón por la cual fueron dados esos dones: el amor. El amor debe gobernar y dirigir todo lo que hacemos, incluyendo el uso de los dones espirituales. Es por eso que Pablo luego continúa su "capítulo del amor" con 1 Corintios 14, que comienza así:

Procurad alcanzar el amor; pero también desead ardientemente los dones espirituales, sobre todo que profeticéis.

Porque el que habla en lenguas no habla a los hombres, sino a Dios, pues nadie lo entiende, sino que en su espíritu habla misterios. Pero el que profetiza habla a los hombres para edificación, exhortación y consolación. El que habla en lenguas, a sí mismo se edifica, pero el que profetiza edifica a la iglesia. Yo quisiera que todos hablarais en lenguas, pero aún más, que profetizarais; pues el que profetiza es superior al que habla en lenguas, a menos de que las interprete para que la iglesia reciba edificación.

Versículos 1–5

Por medio de Pablo, el Espíritu Santo está diciendo a los creyentes en Corinto (y a nosotros): "Asegúrense que el amor motiva todo lo que hacen. Sobre todo, deseen los dones espirituales; pero en lo que respecta a los servicios de adoración, hagan de la profecía la prioridad. Todo el mundo entenderá una palabra profética, incluso los nuevos asistentes y los no creyentes".

El **AMOR** debe **GOBERNAR** y manejar **TODO** lo que hacemos, incluyendo el uso de los dones **ESPIRITUALES**.

Observe que Pablo tiene cuidado de no descartar las lenguas como un don cuando dice: "quisiera que todos hablarais en lenguas". Más bien está señalando que el uso de las lenguas debe manejarse con cuidado en los servicios de adoración. Después de enfatizar un poco más esto en los versículos siguientes, Pablo llega a lo primordial: "Por tanto, el que habla en lenguas, pida en oración para que pueda interpretar" (versículo 13).

INTERPRETAR LOS MENSAJES

Esto nos lleva al tercero de los dones declarativos, interpretación de lenguas. Una definición bíblica de este don sería "comprender y expresar el pensamiento o la intención de un mensaje en lenguas". Las claves en esa definición son "pensamiento o intención".

Cuando usted recibe el don de interpretación de lenguas, tiene una comprensión sobrenatural de la esencia del mensaje que se está comunicando. Esto explica por qué al don se le llama *interpretación* de lenguas en lugar de *traducción* de lenguas.

En ocasiones, las personas, para quienes este fenómeno es nuevo, se quedan consternadas por algo. A veces un mensaje bastante largo en lenguas irá seguido de una interpretación significativamente más corta, o viceversa. Eso tiene mucho más sentido cuando usted piensa en la diferencia entre traducir un mensaje a un idioma extranjero e interpretar el mensaje. Un traductor fiel tratará de reproducir el mensaje palabra por palabra al idioma nativo del oyente. Lo que un intérprete tiene que hacer es transmitir la esencia de los conceptos.

Los intérpretes pueden decidir ser extensos o extremadamente concisos, dependiendo del público y de los tipos de conceptos que estén tratando de comunicar. Cuando mis hijos eran más pequeños y todos vivían en casa, yo tenía una demostración vívida de eso en la mesa, durante la cena, cada noche.

Primero le preguntaba a mi hijo James cómo había estado su día. Diez horas de escuela e interacción con el ancho mucho, por lo general, quedaba condensado a una palabra: "Bien". Algunas veces su respuesta era todavía más concisa. Si el día había tenido sus desafíos, solo hacía una mueca que indicaba: "He tenido días mejores" y refunfuñaba un poco.

Luego, era el turno de su hermana menor y le hacía la misma pregunta. Su respuesta, por lo general, era algo así: "Bueno, me levanté a las 6:10, lo que quiere decir que me quedé dormida. Había puesto el reloj para las 6:00. Parece que apreté el botón de apagarlo y no me di cuenta, así que antes de empezar, ya estaba atrasada. Agarré unos pañuelos de papel porque tenía un poco de dolor de cabeza por sinusitis. Creo que es porque el tiempo ha estado un poco raro últimamente. Me di una ducha más corta de lo normal porque estaba atrasada y no pude secarme el pelo completamente antes de salir para el primer periodo de clases, y hoy tuvimos una maestra sustituta. Eso fue malo porque realmente no hicimos nada en la clase; pero en el segundo periodo tuve un examen corto. Creo que salí bien,

> Los intérpretes pueden **DECIDIR** ser extensos o extremadamente **CONCISOS**, dependiendo del **PÚBLICO** y de los tipos de **CONCEPTOS** que estén tratando de **COMUNICAR**.

aunque mi amiga Ashley dijo que se le congeló el cerebro y no podía recordar nada de la tarea de lectura…". Y seguía con un torrente de detalles como si fuera un río poderoso, todo en respuesta a la misma pregunta sobre el mismo espacio de tiempo de diez horas.

Ambas respuestas son interpretaciones de respuestas a la pregunta: "¿Cómo fue tu día?" Claro, hay cosas que nunca cambian. James ahora está casado. Él y su dulce esposa vinieron a cenar no mucho después de casarse y alguien le preguntó a James cómo iban las cosas en su trabajo. Cuando respondió con una de sus clásicas respuestas faciales, mi nuera le dio una palmadita en la mano y le dijo dulcemente: "Usa sílabas, cariño".

El asunto es que el significado de un mensaje largo en lenguas a veces puede encapsularse perfectamente en una interpretación breve. Al mismo tiempo, un estallido breve de lenguas puede dar conceptos y verdades tan profundos que se necesita una interpretación larga para que haga justicia.

También debemos señalar que en 1 Corintios 14, Pablo declara que el don de profecía es superior al don de lenguas en un servicio de adoración. Veamos de nuevo la porción relevante de ese pasaje: "Yo quisiera que todos hablarais en lenguas, pero aún más, que profetizarais; pues el que profetiza es superior al que habla en lenguas, *a menos…*" (Versículo 5). Quiero que se fije en este "a menos". ¿A menos que qué? "…a menos que las interprete para que la iglesia reciba edificación".

En un servicio de adoración, donde no creyentes y nuevos cristianos están presentes, la profecía es superior porque todo el mundo puede recibir ánimo con el mensaje. Sin embargo, como aclara Pablo, si la persona que da el mensaje en lenguas pasa a operar en el don de interpretación de lenguas, entonces todos pueden también ser bendecidos con ese mensaje. Esto coloca a un mensaje interpretado en casi la misma condición que un mensaje profético. Ambos son accesibles a todos en el servicio y ofrecerán ánimo, exhortación y consuelo para todo el que los escuche.

Estos son dones declarativos y ofrecen una tremenda bendición para el cuerpo de Cristo. ¡Es bueno recibir una palabra de ánimo de parte de Dios!

16

Los dones dinámicos

Tal vez usted recuerda la historia de una noticia de los primeros días de la invasión de Estados Unidos a Afganistán, acerca
de dos jóvenes misioneras norteamericanas que los talibanes tenían
como rehenes.

Dayna Curry y Heather Mercer eran creyentes que asistían a
una iglesia carismática en Waco, Texas, y trabajaban como volun-
tarias en Afganistán con un grupo misionero llamado Shelter Now.
En agosto de 2001, semanas antes de los ataques del 11 de septiem-
bre en los Estados Unidos, los talibanes arrestaron a las mujeres
por evangelizar. Ya había grandes preocupaciones por su seguridad,
pero cuando los ataques a la ciudades de Nueva York y Washing-
ton se vincularon con Osama bin Laden, de quien se sabía que era
un huésped del Talibán en Afganistán, la ansiedad entre los seres
queridos de las mujeres aumentó. Cuando los Estados Unidos inva-
dieron Afganistán en octubre de ese año, se temía que el Talibán se
vengara brutalmente contra sus jóvenes rehenes norteamericanas.

Al final las mujeres fueron rescatadas por tropas norteamericanas y anti-talibanas el 15 de noviembre. Después, ellas revelaron que habían tenido experiencias muy diferentes en su cautiverio.
Heather experimentó todo el temor, ansiedad y preocupación que
usted esperaría que alguien sintiera en esta situación. Pero Dayna se vio envuelta en un nivel de calma y confianza sorprendente
durante la mayor parte de la horrenda experiencia. En una entre-
vista con la revista *Christianity Today* ella dijo: "Tuve una paz

sobrenatural la mayor parte del tiempo. En realidad, estoy pasando mucho más estrés ahora que cuando estaba presa".*

¿Qué le permitió a Dayna tener semejante paz en medio de circunstancias tan aterradoras? Ella era receptora del don de la fe.

El don de la fe es uno de los dones dinámicos. El nombre viene de las palabras finales de Jesús al instruir a sus discípulos antes de ascender al cielo. Él les dijo que esperaran "en la ciudad de Jerusalén hasta que desde lo alto sean investidos de poder" (Lucas 24:49, RVC). Ahora usted ya sabe que la fuente del "poder" que Jesús prometió fue el derramamiento del Espíritu Santo. Jesús lo declaró, explícitamente, en sus últimas horas en la Tierra cuando dijo: "pero recibiréis poder cuando el Espíritu Santo venga sobre vosotros" (Hechos 1:8).

La palabra griega que se tradujo como "poder" en estos versículos es *dunamis* (a veces se escribía *dynamis*). De ahí provienen nuestras palabras *dinamita*, *dinamo* y *dinámico*. Así que es muy adecuado llamar a este próximo grupo de dones del Espíritu Santo los dones dinámicos porque tienden a desplegar el poder de Dios.

Volviendo a nuestra lista de los nueve dones del Espíritu Santo que Pablo menciona en 1 Corintios 12, encontramos:

> *Pero a cada uno se le da la manifestación del Espíritu para el bien común…a otro, fe por el mismo Espíritu; a otro, dones de sanidad por el único Espíritu; a otro, poder de milagros.*
>
> Versículos 7, 9–10

Una vez más, tenemos tres dones diferentes en este grupo: fe, dones de sanidad, y poder de milagros. Aunque los tres son dones diferentes, pueden producir resultados similares.

CONFIANZA SOBRENATURAL

Comencemos con el don de fe. Pudiera parecer raro pensar en la fe como un don del Espíritu porque toda la vida cristiana implica fe. Somos salvos por gracia por medio de la fe (vea Efesios 2:8–9), y Jesús reiteradamente nos anima a tener fe en Dios, implicando que la

---

* Stan Guthrie y Wendy Murray Zoba, "Double Jeopardy," *Christianity Today*, 8 de julio de 2002, www.christianitytoday.com/ct/2002/july8/1.26.html.

fe es una decisión que tomamos. Entonces, ¿cómo puede la fe ser un don del Espíritu Santo que Él distribuye según su voluntad?

Pablo está hablando de la impartición de algo diferente a la fe cotidiana que debemos ejercer en nuestro andar cristiano. Es por eso que algunas personas se refieren a este como el "don de una fe especial". Yo defino el don de la fe como "una dotación sobrenatural de fe y confianza para una situación específica". De hecho, así como una mujer misionera, rehén en Afganistán, experimentó gran paz en circunstancias aterradoras gracias al don de la fe, innumerables cristianos pueden testificar que en un momento de crisis severa o en un tiempo de gran necesidad, de repente se vieron inundados de un nivel sobrenatural de fe en que todo iba a estar bien. A cambio, este nivel de fe abrió la puerta para la provisión o la liberación milagrosa por parte de Dios. La fe que experimentaron en ese momento fue mucho más alta y grande que la fe en que caminan cada día.

Jesús operó en todos los dones espirituales en un alto grado, incluyendo el don de la fe especial. Recuerde, Él se despojó de Su divinidad y vivió como un hombre lleno del Espíritu y dirigido por el Espíritu. Vemos a Jesús mostrar el don de la fe en Marcos 4. Quizá usted recuerde el incidente en que Jesús y los discípulos intentaron cruzar el mar de Galilea en un bote de pescar cuando una enorme tormenta amenazó con volcar el barco. Jesús estaba profundamente dormido en la popa del barco y pareció molestarle bastante que sus asustados discípulos, la mayoría de ellos pescadores y marineros experimentados, lo despertaran.

> Jesús **OPERÓ** en todos los dones **ESPIRITUALES** en un alto **GRADO**.

En Hechos 9, vemos a un hombre llamado Ananías, quien tenía el don de la fe. Él recibe instrucciones en una visión para ir a visitar a un hombre llamado Saulo, el futuro apóstol Pablo, y le impone manos para que reciba el bautismo del Espíritu Santo. Sin embargo, un pequeño detalle hace que esta tarea sea interesante, como vemos en las palabras iniciales:

Saulo, respirando todavía amenazas y muerte contra los discípulos del Señor, fue al sumo sacerdote, y le pidió cartas para las sinagogas de Damasco, para que si encontraba algunos que pertenecieran al Camino, tanto hombres como mujeres, los pudiera llevar atados a Jerusalén.

Versículos 1–2

Saulo es muy conocido por ordenar que se golpeara o encarcelara a todo cristiano que se encontrara. Y Ananías de pronto recibe instrucciones de hacerle una visita a Saulo y decirle: "Hola, soy cristiano, ¡y estoy aquí para imponerle manos!". Pero él obedece valientemente. Eso requiere la provisión del don de fe.

Lo que Ananías no capta es que el Jesús glorificado acababa de derribar y dejar ciego a Saulo en un encuentro espectacular en el camino a Damasco. Él es inofensivo y está listo para recibir.

SANIDAD SOBRENATURAL

Así como los cristianos pueden recibir el don de fe hoy, el Espíritu Santo también imparte lo que Pablo llama "dones de sanidades". Estos son "dotaciones sobrenaturales de salud divina".

Permítame ampliar más acerca de este don explicando lo que *no* es. No es el Espíritu Santo depositando un don especial, en gente especial, para que puedan tener el poder de orar por las personas y verlas sanadas. Cada vez que escucho a alguien proclamar que tiene el don de sanidad, me preocupa. Eso me sugiere una comprensión débil de cómo los dones y manifestaciones del Espíritu Santo operan. El Señor sí puede usar a una persona en particular de manera consistente en el aspecto de la sanidad, pero es el Espíritu Santo quien posee el don y lo distribuye individualmente, momento a momento, según Su voluntad.

Por supuesto, hacemos bien al pedir a otros creyentes que oren por nosotros cuando tenemos algún tipo de enfermedad o padecimiento en nuestros cuerpos.

> Claramente, hubo unas **OCASIONES** en que el **PODER** para sanar en Jesús estaba **MÁS PRESENTE** que en otras.

Porque la verdad es que su compañero del grupo de estudio bíblico tiene tantas probabilidades de ser usado por el Espíritu Santo para liberar el poder sanador de Dios en su vida, como el ministro más famoso de la televisión. Sin embargo, este don no tiene que venir por medio de otra persona, en lo absoluto. Incontables personas han sido sanadas milagrosamente mientras oran a solas.

Cualquiera que tenga un mínimo conocimiento de los evangelios sabe que Jesús siempre estaba sanando a las personas. Dondequiera que iba, la gente se sanaba. Damos por sentado que Jesús hacía estas sanidades porque era Dios en forma humana, y lo era. Pero no tenemos indicios de que Jesús hiciera alguna sanidad antes de que el Espíritu Santo descendiera sobre Él como paloma, justo después de Su bautismo. ¿Sería posible que Jesús estuviera constantemente sanando al enfermo, abriendo los ojos de los ciegos y limpiando a los leprosos porque estaba constantemente dotado con el don de fe, el don de sanidades y el don de milagros?

Cuando Jesús regresa a su pueblo natal, un poco después de iniciar su ministerio público, se nos dice: "Y no pudo hacer allí ningún milagro; sólo sanó a unos pocos enfermos sobre los cuales puso sus manos. Y estaba maravillado de la incredulidad de ellos" (Marcos 6:5–6). Claramente, hubo unas ocasiones en que el poder para sanar en Jesús estaba más presente que en otras. Quizá usted recuerde el incidente de Lucas 5, donde cuatro hombres bajaron a su amigo paralítico por una abertura en el techo para, así, llevarlo a Jesús. Justo antes de eso, Lucas dice:

> Y un día que Él estaba enseñando, había allí sentados algunos fariseos y maestros de la ley que habían venido de todas las aldeas de Galilea y Judea, y de Jerusalén; y el poder del Señor estaba con Él para sanar.
>
> Lucas 5:17

Jesús recibió y operaba en el don de sanidades. Sus discípulos también, después de recibir el derramamiento del Espíritu Santo en el Día de Pentecostés. De hecho, aproximadamente un día después del derramamiento de Pentecostés, Pedro y Juan se encontraron con un mendigo que estaba sentado en el suelo junto a la puerta llamada "La hermosa". Había nacido sin poder caminar y al parecer algunos amigos y familiares lo llevaban, cada día, a este lugar tan transitado para que pidiera limosna a los que iban al templo a adorar u orar. Pedro y Juan probablemente habían pasado junto a este hombre muchas veces; pero este día era diferente. Cuando el hombre les pide dinero, Pedro dice:

> *No tengo plata ni oro, mas lo que tengo, te doy: en el nombre de Jesucristo el Nazareno, ¡anda! Y asiéndolo de la mano derecha, lo levantó; al instante sus pies y tobillos cobraron fuerza, y de un salto se puso en pie y andaba. Entró al templo con ellos caminando, saltando y alabando a Dios.*
>
> Hechos 3:6–8

Este día era diferente porque el don de sanidades impartido por el Espíritu Santo se derramó sobre Pedro y sus compañeros seguidores de Jesús.

Algunos cuestionan si el Espíritu Santo todavía otorga este don. Entonces yo pregunto: ¿el Espíritu Santo cerró el negocio o está en vacaciones prolongadas? ¡No! El don de sanidades todavía se otorga generosamente en la actualidad a aquellos que estén dispuestos a recibirlo.

Recuerdo una ocasión cuando nuestro hijo mayor era un recién nacido. Tenía ictericia y su piel se había puesto de un amarillo enfermizo. En mi cabeza yo sabía que la sanidad era parte de la expiación, es decir, que en la cruz Jesús llevó nuestras enfermedades así como nuestros pecados (vea

> **¿El ESPÍRITU SANTO cerró el NEGOCIO o está en VACACIONES prolongadas?**

Mateo 8:17). Cuando usted es padre por primera vez y su bebé está enfermo, la sanidad cobra una nueva dimensión de urgencia. Así que abrí mi Biblia y comencé a leer versículos clave que indican claramente que la sanidad es parte de nuestra herencia en Cristo. Al hacerlo, sentí que algo se alzaba dentro de mí. De pronto, me sentí abrumadoramente convencido de que era inadecuado e ilícito que la enfermedad estuviera sobre mi bebé.

Tomé a Debbie y fuimos a la habitación del bebé, puse mis manos sobre su pequeño cuerpo y oré para que fuera sanado. Como Debbie testificará, cuando terminé, vimos el color de la piel de Josh regresar a la normalidad. Eso no sucedió porque yo estoy llamado al ministerio a tiempo completo. Sucedió porque el Espíritu Santo da dones a todos generosamente.

CIRCUNSTANCIAS ALTERADAS
DE MANERA SOBRENATURAL

Del mismo modo, el don que se llama poder de milagros no se deposita solo sobre unas pocas personas especiales quienes lo llevan por el resto de sus vidas. El poder de ver un milagro ocurrir está disponible a todos los creyentes, y Él distribuye el don según Su voluntad en situaciones momentáneas.

Yo defino el don de obrar milagros como "la intervención divina que altera las circunstancias". ¿Es esto algo usted quisiera experimentar? ¿Sería usted bendecido si, de vez en cuando, el poder milagroso de Dios transformara una situación negativa? Si es así, quiero que sepa que Dios todavía obra milagros. Dios es inmutable, lo cual quiere decir que Él nunca cambia. Él es el mismo ayer, hoy y por los siglos. Él hizo milagros en los días del Antiguo Testamento así como en los días del Nuevo Testamento, y Él sigue obrando milagros hoy día.

Mientras Dios esté en Su trono, los milagros sucederán. Y puedo asegurarle que Él sigue en Su trono.

UNA ABUNDANCIA DE DAR

Por favor, observe que estos dos últimos dones del Espíritu Santo se mencionan en plural. La Escritura les llama el don de *sanidades* y el don del poder de *milagros*. Esto indica que hay muchos de estos dones disponibles, y nos indica que cada sanidad y cada milagro son importantes para Dios. Es decir, podemos estar seguros que a Dios le importan las personas.

Como con otros dones del Espíritu, estos dones dinámicos no son solo para unos pocos especiales. Dios no hizo una lotería celestial para seleccionar al azar un puñado de Su gente en todo el planeta para que experimenten milagros en sus vidas. Si solo unas pocas personas pueden ver los milagros suceder y yo necesito un milagro, me las voy a ver difícil si no puedo llegar a una de esas personas especiales. Gracias a Dios, la verdad es que el don de milagros está disponible para todos los que tienen al Espíritu Santo obrando dentro de sí. Y una relación íntima y personal con Él está disponible para cada creyente.

Esto explica por qué Jesús les dijo a Sus discípulos que era mejor para ellos si Él se iba. En Su forma terrenal, Él solo podía estar en un lugar a la vez. Pero el derramamiento del Espíritu Santo sobre la carne humana el Día de Pentecostés fue uno de los sucesos más beneficiosos e importantes en la historia de la humanidad e hizo posible la extraordinaria declaración de Jesús en Juan 14:12:

> En verdad, en verdad os digo: el que cree en mí, las obras que yo hago, él las hará también; y aun mayores que éstas hará, porque yo voy al Padre.

¿Qué podría hacer posible este supuesto imposible? La venida del Espíritu Santo. Usted recordará que un poco después Jesús dice: "Pero yo os digo la verdad: os conviene que yo me vaya; porque si no me voy, el Consolador no vendrá a vosotros; pero si me voy, os lo enviaré" (Juan 16:7).

El Espíritu Santo puede estar en todas partes a la vez y *en* nosotros. Es impresionante reflexionar en eso, pero Jesús tenía razón. ¡Ahora tenemos algo mucho mejor! Y se pone mejor todavía. Como hemos visto, el Espíritu Santo no vino con las manos vacías. Vino con los brazos llenos de dones.

Si usted necesita un milagro, Él lo tiene. Si necesita sanidad, Él también la tiene. Si usted necesita fe, también lo tiene garantizado. Si necesita un mensaje de aliento de parte de Dios, una profecía, una lengua o una interpretación, si necesita una palabra de conocimiento sobre su situación, o una palabra de sabiduría o para discernir cómo el enemigo le está atacando, el Espíritu Santo le dará esos dones a usted, y a quienes le rodean.

Estos *carismata*, dones de gracia, se distribuyen a todos los que estén dispuestos a recibirlos. Y son para el beneficio y la bendición de todos.

En resumen

Sé que examinamos muchos pasajes de la Escritura al estudiar estos nueve dones del Espíritu Santo. Pero la verdad más importante a entender es que estas manifestaciones son realmente "del Espíritu Santo".

Un Dios amoroso y bueno diseñó estos dones expresamente para nuestro beneficio y nuestra bendición. ¡Qué triste que tantos de los hijos de Dios han rechazado estos regalos! Su rechazo entristece al Espíritu Santo y daña al cuerpo de Cristo.

Si usted se abre por completo al Espíritu Santo, Él le dará lo que usted necesite, cuando lo necesite. Pídale ahora que manifieste sus dones a través de usted "según su voluntad" para "el bien común".

PARTE 6

EL LENGUAJE DE LA AMISTAD

17

¿Por qué la controversia?

Mi querido amigo y padre en la fe, Jack Hayford, cuenta la historia de cuando era un joven pastor de jóvenes asistiendo a una de sus primeras conferencias nacionales, allá por la década de 1950. La reunión hospedó a ministros de una gran variedad de denominaciones de todo el país. Según él lo cuenta:

> Yo era joven en el ministerio, todavía no muy claro en los matices de las reuniones interdenominacionales, así que no estaba listo para lo que sucedió en cuanto respondí a la pregunta de un conocido cristiano luego de habernos auto presentado.
>
> —Jack, es bueno conocerte. ¿Dónde ministras?
>
> —Soy ministro de jóvenes de la iglesia Foursquare.
>
> Silencio repentino.
>
> La mano que sostenía la mía se quedó inerte mientras los ojos encima de una sonrisa lánguida frente a mí buscaron a alguien más con quien hablar en el salón.
>
> Un abrupto "discúlpame" y allí me quedé...solo.
>
> Lo malo es que el escenario no es algo imaginario, sino real. Lo bueno es que es mucho menos probable que suceda entre la amplia gama del cuerpo de Cristo hoy día, que cuando aquel momento glacial me abofeteó hace ya tantos años.
>
> El dolor del recuerdo ya pasó, el ofensor involuntario de mi alma ya fue perdonado, y la frecuencia de sucesos similares se ha reducido mucho. Pero la realidad es que algo

peculiar sucede en las mentes de las personas si saben o piensan que usted es "uno de esos" que habla en lenguas.*

Creo que una de las tragedias más grandes de los últimos cien años de la Iglesia ha sido la manera en que Satanás, el enemigo de la Iglesia, ha tenido éxito en lograr que este don, en particular, sea tan controversial y ha logrado que grandes secciones del cuerpo de Cristo se rehúsen a recibir *cualquiera* de los poderes del Espíritu Santo. Lo sé porque yo era uno de ellos.

Usted recordará que cuando por fin yo me abrí para recibir el poder del Espíritu Santo en mi vida, mi oración inicial fue algo así: "Está bien, Espíritu Santo, te quiero en mi vida, quiero Tu poder y Tu capacidad, pero no quiero nada de *eso* o *aquello*". Uno de esos *aquellos* que yo no quería eran las lenguas. Es decir, quería escoger entre los dones que el Espíritu Santo me trajera porque, en lo profundo de mi corazón, sentía que yo sabía, mejor que Él, lo que yo necesitaba.

Por razones, que al principio pudieran parecer misteriosas, pero que se aclararán más adelante, cuando se trata de la fe, las lenguas es lo que parece obsesionar más las personas. Hemos visto, claramente, que es un don que el Espíritu Santo derrama sobre el pueblo de Dios para su beneficio y para fomentar Sus planes y propósitos en el mundo. También hemos visto que es solo uno de muchos dones semejantes. Y sin embargo, más que por ningún otro don, muchos cristianos queridos han sufrido rechazo, burla e incluso persecución por su causa.

En esta sección espero disipar la niebla de incomprensión y engaño que durante tanto tiempo ha ocultado de tantos la verdad maravillosa y fortalecedora sobre este don.

El don y la gracia

Primero, es importante comprender la diferencia entre el *don* de lenguas (por lo general acompañado por el don de interpretación de lenguas) y la *gracia* de lenguas (a menudo llamado orar en lenguas u orar en el Espíritu).

En el capítulo anterior vimos que "diversas clases de lenguas" era uno de los nueve puntos en la lista de dones del Espíritu que hace el

---

* Jack W. Hayford, *La belleza del lenguaje espiritual* (Grupo Nelson, Nashville, 1994).

apóstol Pablo. Dos capítulos después, Pablo dedica un poco de tiempo para instruir a la iglesia de Corinto en cómo este don si debería o no ser expresado en sus servicios de adoración. Pero al mismo tiempo, les anima reiteradamente a pasar tiempo en privado "orando en lenguas". Muchas personas se confunden porque no se dan cuenta de que Pablo está haciendo una distinción entre el don público y la gracia privada. Él está estableciendo la distinción entre el don de lenguas que necesita ser interpretado y un lenguaje de oración, único para cada uno de nosotros, que podemos usar mientras oramos al Señor. Es por eso que Pablo comienza 1 Corintios 14:1–5 de esta manera:

> *Procurad alcanzar el amor; pero también desead ardientemente los dones espirituales, sobre todo que profeticéis. Porque el que habla en lenguas no habla a los hombres, sino a Dios, pues nadie lo entiende, sino que en su espíritu habla misterios. Pero el que profetiza habla a los hombres para edificación, exhortación y consolación. El que habla en lenguas, a sí mismo se edifica, pero el que profetiza edifica a la iglesia. Yo quisiera que todos hablarais en lenguas, pero aún más, que profetizarais; pues el que profetiza es superior al que habla en lenguas, a menos de que las interprete para que la iglesia reciba edificación.*

Aquí, y a lo largo del capítulo 14, Pablo hace un malabarismo. Está intentando establecer corrección y orden en la manera en que los miembros de esta iglesia están usando el *don* de lenguas en sus reuniones públicas; pero sin desanimarlos a rendirse a la *gracia* de lenguas en su tiempo personal de oración.

> Muchas **PERSONAS** se **CONFUNDEN** porque no se dan cuenta que Pablo está haciendo una **DISTINCIÓN** entre el don **PÚBLICO** y la gracia **PRIVADA**.

Así que por un lado Pablo dice: "Concéntrense en profetizar en sus reuniones porque todo el mundo lo entiende". Por otro lado dice: "Quisiera que todos hablaran en lenguas". Más adelante vamos a ver un poco más de ánimo de parte de Pablo en cuanto a esto.

Como hemos visto, el Espíritu Santo posee y distribuye los nueve dones del Espíritu según Su voluntad, incluyendo los dones espirituales de lenguas e interpretación de lenguas. Pero yo creo que todo el mundo ha sido dotado con un idioma celestial de oración en el momento que se bautiza en el Espíritu Santo (ya sea que se den cuenta y lo activen, o no). Este es sin duda el patrón que vemos claramente en el libro de Hechos. Cada vez que un grupo de creyentes recibe el Espíritu Santo derramado, invariablemente los vemos hablando en otras lenguas y profetizando.

Como hemos visto, esta es la señal que tanto asombra a Pedro y a sus amigos cuando el Espíritu Santo cae sobre un grupo de gentiles:

Mientras Pedro aún hablaba estas palabras, el Espíritu Santo cayó sobre todos los que escuchaban el mensaje. Y todos los creyentes que eran de la circuncisión, que habían venido con Pedro, se quedaron asombrados, porque el don del Espíritu Santo había sido derramado también sobre los gentiles, pues les oían hablar en lenguas y exaltar a Dios.

Hechos 10:44–46, énfasis añadido

Realmente, no hay manera de evadir esta correlación bíblica entre el derramamiento del Espíritu Santo sobre una persona y el resultado muy visible de que esa persona reciba la capacidad para alabar, adorar y profetizar en una lengua desconocida.

Sin embargo, esta verdad ha llevado a lo que yo considero que es una terminología lamentable e inútil comúnmente utilizada en los círculos pentecostales y carismáticos.

Tal vez usted ha escuchado a alguien hablar de recibir el bautismo en el Espíritu Santo "con la evidencia inicial de hablar en lenguas". Para algunos las frases "bautismo en el Espíritu Santo" y "con la evidencia de hablar en lenguas" están pegadas en sus vocabularios con un súper pegamento. Nunca dicen la primera frase sin la segunda. Otros pentecostales han añadido un adjetivo con los años. Ahora hablan de "la evidencia *física* inicial de hablar en lenguas".

Como ya hemos señalado, evidentemente hay parte de verdad en lo que dicen. En realidad lo que yo verdaderamente objeto son el espíritu y la actitud de lo que escucho tras esas palabras. A menudo se usan de una manera contenciosa que considero descortés. Y el uso de la palabra *evidencia* tiende a convertir lo que es un regalo hermoso e íntimo para un persona en algo que será juzgado y evaluado por otros.

UNA BREVE HISTORIA DE AVIVAMIENTO

Todo esto tiene un poco de trasfondo histórico que le beneficiaría conocer. Por 1904 hubo un gran avivamiento en la nación de Gales. Desde entonces se le ha conocido, lógicamente, como el Avivamiento de Gales. En este notable mover de Dios, los cristianos tibios repentinamente sintieron fuego por Dios, las iglesias se llenaron, los bares y las casas de prostitución se cerraron por falta de clientes, más de cien mil personas nacieron de nuevo. Todo comenzó con personas dedicadas orando por un derramamiento del Espíritu Santo. Y a lo largo de todo esto, se reportaron sucesos extraordinarios y sobrenaturales como los que se relatan en el libro de Hechos.

Como semillas que vuelan en el viento y se arraigan lejos de la planta original, ese espíritu de avivamiento cruzó el Atlántico y se difundió en varios lugares en los Estados Unidos, sobre todo entre un pequeño grupo de guerreros de oración que se reunía en una casa en la calle Bonnie Brae Avenue cerca del centro de Los Ángeles en 1906. La gente allí había estado orando para que Dios se moviera con poder en los Estados Unidos como

MILES venían y eran **TOCADOS** por Dios de manera **ASOMBROSA**.

lo había hecho en Gales. Pronto esta gente de oración comenzó a experimentar el libro de Hechos en sus reuniones, sobre todo varias personas que hablaban en lenguas y profetizaban. La asistencia aumentó grandemente y con el tiempo las reuniones pasaron a una iglesia metodista abandonada que estaba a unas cuadras, en la calle Azusa. Pronto, miles venían y eran tocados por Dios de manera asombrosa.

El derramamiento allí llegó a conocerse como el Avivamiento de la Calle Azusa, y no exageramos cuando decimos que cambió el curso del cristianismo en Norteamérica y el resto del mundo. Muchas personas que vinieron del otro lado del país a las reuniones de la calle Azusa experimentaron el bautismo en el Espíritu Santo y llevaron esa llama cuando regresaron a sus iglesias.

Con el tiempo, de este mover de Dios surgieron denominaciones enteras, incluyendo las Asambleas de Dios, que ahora tiene más de 60 millones de miembros en 212 países alrededor del mundo. Por cierto, algunos estiman que el número de carismáticos, neo-carismáticos y pentecostales ahora pasa de 500 millones de personas en el mundo entero, superados en tamaño solo por los católicos romanos. Y los carismáticos son los de más rápido crecimiento entre todos los grupos religiosos del planeta.

> Ningún cristiano está **INMUNE** a la **TENTACIÓN** de convertir algo que tiene la **VIDA** y el aliento de Dios en una religión **MUERTA**.

El ADN espiritual de todo esto solo puede encontrarse en lo que Dios hizo en unos pocos lugares, nada especiales, a principios del siglo veinte. Claro, enseguida que el movimiento comenzó a cambiar vidas de una manera grandiosa, llegaron el contraataque y la reacción inevitables.

Muchos creyentes que experimentaron este derramamiento beneficioso y muy bíblico del Espíritu Santo en sus vidas, se vieron criticados y discriminados por ello. Entonces, como ahora, hubo muchos cristianos bien intencionados que estaban demasiado atados en las tradiciones religiosas como para reconocer que Dios estaba detrás de todo esto y que el fruto evidente que estaba produciendo en las vidas de otros era bueno.

Claro, ningún cristiano está inmune a la tentación de convertir algo que tiene la vida y el aliento de Dios en una religión muerta. Y al cabo de una generación, la religión comenzó a colarse en algunos aspectos del movimiento pentecostal. Algunos que habían sido ofendidos por la persecución que recibieron por el don de hablar en lenguas o la gracia del lenguaje de la oración, reaccionaron al elevar estas manifestaciones a un lugar que el Espíritu Santo nunca tuvo la intención que ocuparan en nuestra teología. El resultado fue una obsesión rígida con "la evidencia inicial de hablar en lenguas" como el único indicador válido de tener el bautismo del Espíritu Santo.

Por consiguiente, muchos comenzaron a presionar a las personas para que produjeran la "evidencia" de que habían llegado a este punto espiritual tan especial. Para muchos, las lenguas se convirtieron en una exigencia en lugar de un deseo. Para otros, se convirtieron en un premio que se lograba y que era motivo de orgullo en lugar de un don que recibían con humildad. La capacidad de "orar en el Espíritu" o de dar un mensaje alentador en lenguas es una bendición maravillosa para el creyente y para el cuerpo de Cristo, respectivamente. Lo primero fortalece a la persona a nivel espiritual. Lo segundo anima a la iglesia. Pero ambos están disponibles incluso para el creyente nuevo más inmaduro que haya recibido la plenitud del Espíritu Santo. Y estos son solo dos de las muchas maneras en que el Espíritu Santo quiere obrar en nosotros y a través nuestro. Por lo tanto, nunca deben ser una fuente de orgullo religioso ni deben elevarse por encima de otros dones espirituales.

Uno de los ancianos que sirven en la iglesia que pastoreo cuenta cómo su abuelo pentecostal ansiaba que sus nietos recibieran el bautismo del Espíritu Santo. Ese es un deseo comprensible y honorable para un abuelo, porque es una bendición maravillosa. Pero debido a la tradición religiosa en la que este hombre creció, él estaba convencido de que si no escuchaba a sus nietos hablar en lenguas, ellos "no lo tenían".

Un día los puso de rodillas en el altar de su iglesia "esperando" que el Espíritu Santo cayera sobre ellos. Luego de un largo tiempo, mi amigo se dio cuenta de que no iban a dejar que se levantara y siguiera con su vida hasta que su abuelo lo escuchara hablar en lenguas. Sucede que él y sus padres habían vivido en Japón durante varios años haciendo obra misionera, y él había aprendido unas cuantas frases en japonés. Así que lo fingió. Puso una expresión intensa en su rostro y comenzó a recitar una serie de frases japonesas que se sabía.

Casi funcionó. Su abuelo se lo creyó y estaba feliz porque su nieto "lo había logrado". Sin embargo, su padre, quien hablaba bien el japonés, lo estaba escuchando y le pidió cuentas. Se buscó problemas por tratar de engañar al abuelo.

El asunto es que, en algún momento, para muchas personas como el abuelo de mi amigo, el bautismo del Espíritu Santo se convirtió en algo que uno lograba con paciencia, esfuerzo y sacrificio.

> La **AMISTAD** con el Espíritu Santo **NO** es tan **DIFÍCIL**.

Y en sus mentes, hablar en lenguas era el premio y la única prueba aceptable de que había ocurrido.

Tal vez usted ha experimentado algo similar a esa mentalidad en un encuentro anterior con el pentecostalismo. Si es así, lo siento. La amistad con el Espíritu Santo no es tan difícil. Y el don de lenguas no está diseñado para que sirva de "evidencia" para nadie. Como veremos en los capítulos siguientes, es un don que se otorga para ayudarle a usted y bendecir a otros.

Comencemos a descubrir lo que usted necesita saber sobre la gracia de un idioma celestial para la oración.

18

La Palabra y el lenguaje

Los cristianos deberían ser "la gente del Libro". La Biblia es nuestra primera y suprema autoridad en todo lo que se refiera la vida y la fe. Es por eso que he llenado las páginas de este libro con referencias a la Escritura.

Si afirmo algo que no puedo respaldar con la Escritura, usted no debería aceptarlo como verdad. De la misma manera, si señalo una verdad en la Biblia, usted no debería descartarla, incluso si va en contra de creencias o suposiciones que haya tenido por mucho tiempo.

En capítulos anteriores, ya hemos examinado varios pasajes en los que el apóstol Pablo, iluminado y guiado por el Espíritu Santo, escribe sobre el don espiritual de lenguas (y la interpretación de lenguas) así como una gracia similar pero diferente de lenguas a la que él se refiere como orar en el Espíritu.

Es este último tema del que quiero que usted tenga una comprensión más amplia y profunda. ¿Por qué? Porque transformará su vida de oración y le ayudará de muchas maneras. Y basado en lo que dije antes, debemos comenzar asegurándonos de que es completamente bíblico.

ORAR EN EL ESPÍRITU

Regresemos a las conocidas palabras de 1 Corintios 14:

Porque el que habla en lenguas no habla a los hombres, sino a Dios, pues nadie lo entiende, sino que en *su espíritu* habla misterios.

Por favor, observe la frase que enfaticé en el versículo: "en su espíritu". Son palabras significativas que Pablo usará varias veces a lo largo de este capítulo, como lo harán otros escritores del Nuevo Testamento en otras escrituras que examinaremos en breve.

Como el contexto de otros versículos confirmará, la frase "en su espíritu" se refiere al reino espiritual a diferencia del reino físico, natural. La mayoría de las personas vive su vida creyendo que las únicas cosas que son reales son las cosas que pueden percibir con sus cinco sentidos naturales. Si no pueden verlo, escucharlo, tocarlo, saborearlo u olerlo, no creen que exista. Pero Jesús nos enseñó que hay un reino invisible que ciertamente es más real que aquel en que vivimos, el reino del espíritu. "Habiéndole preguntado los fariseos cuándo vendría el reino de Dios, Jesús les respondió, y dijo: El reino de Dios no viene con señales visibles" (Lucas 17:20). Pablo lo dice así:

Al no poner nuestra vista en las cosas que se ven, sino en las que no se ven; porque las cosas que se ven son temporales, pero las que no se ven son eternas.

2 Corintios 4:18

El reino natural y el reino espiritual existen lado a lado, y nosotros interactuamos con ambos todos los días. Es solamente que solemos estar mucho más conscientes de uno que del otro.

En 1 Corintios 14:2, Pablo nos da varias informaciones clave. Sí, él nos dice que hablar en lenguas es hablar misterios o cosas escondidas, en el Espíritu. Pero antes de eso nos dice que una persona que habla en lenguas no habla a las personas (en este reino natural) sino a Dios (en el reino espiritual).

> El reino **NATURAL** y el reino espiritual **EXISTEN** lado a lado, y nosotros **INTERACTUAMOS** con **AMBOS** todos los días.

¿Cuál es un término común que usamos para describir "hablar a Dios"? ¡La oración! La oración es sencillamente hablar a Dios. Y cualquiera que habla a Dios está orando. Eso es bastante elemental. También explica por qué Pablo le está diciendo a la Iglesia en Corinto que los servicios de adoración no son el lugar adecuado para ejercer este don. Si una persona se levanta y hace largas oraciones en lenguas, nadie recibe ayuda aparte de la persona que ora. Pero si la misma persona se levanta y da un mensaje profético de ánimo en el idioma materno de todos los que están reunidos, entonces todos se van animados. Este es un concepto fácil de entender, pero para asegurarse de que esta gente en Corinto captara la idea, Pablo usa otra analogía, instrumentos musicales:

> Pablo le está **DICIENDO** a la **IGLESIA** en Corinto que los **SERVICIOS** de adoración no son el lugar adecuado para **EJERCER** este **DON**.

Ahora bien, hermanos, si yo voy a vosotros hablando en lenguas, ¿de qué provecho os seré a menos de que os hable por medio de revelación, o de conocimiento, o de profecía, o de enseñanza? Aun las cosas inanimadas, como la flauta o el arpa, al producir un sonido, si no dan con distinción los sonidos, ¿cómo se sabrá lo que se toca en la flauta o en el arpa? Porque si la trompeta da un sonido incierto, ¿quién se preparará para la batalla? Así también vosotros, a menos de que con la boca pronunciéis palabras inteligibles, ¿cómo se sabrá lo que decís? Pues hablaréis al aire.

Versículos 6–9

Pablo está trabajando muy duro para asegurarse de que ellos entiendan que el don de lenguas y la gracia de orar en el Espíritu desempeñan roles muy importantes en la vida de un creyente, pero crear un caos sin interpretación en los servicios de adoración, que asuste por completo a los visitantes, no es uno de ellos.

Él resume todo esto más adelante en el capítulo cuando escribe:

> Que todo se haga para edificación. Si alguno habla en lenguas, que hablen dos, o a lo más tres, y por turno, y que uno

interprete; pero si no hay intérprete, que guarde silencio en la
iglesia y que hable para sí y para Dios...porque Dios no es
Dios de confusión, sino de paz.

Versículos 26–28, 33

El verdadero rol del lenguaje de oración

Metidas entre todas estas instrucciones correctivas para los creyentes en Corinto hay algunas perspectivas maravillosas sobre los verdaderos roles y propósitos del lenguaje de oración. Mire, por ejemplo,
1 Corintios 14:14, donde Pablo dice: "Porque si yo oro en lenguas,
mi espíritu ora, pero mi entendimiento queda sin fruto". En ese
pequeño versículo hay tres grupos de verdades poderosas. Vamos a
desglosarlos:

1. Si yo *oro* en lenguas,
2. mi *espíritu* ora,
3. pero mi *entendimiento* (mente) queda sin fruto.

Esto confirma que sí podemos "orar" en lenguas, por lo cual tan a
menudo se le llama un lenguaje de oración.

Observe también que cuando usted ora en una lengua desconocida, es su "espíritu" el que ora. Usted recordará que anteriormente
aprendimos que somos seres tripartitos, compuestos de espíritu, alma
y cuerpo. Más específicamente, usted *es* un espíritu, *tiene* un alma y
vive en un cuerpo.

Obviamente, es posible orar desde su alma (mente) porque usted lo
hace constantemente. Usted piensa en algo que quiere decirle a Dios y
luego lo dice en oración. Pero aquí aprendemos que existe una manera de orar que pasa por encima de su mente ("mi entendimiento queda sin fruto") y en la que es su espíritu nacido de nuevo, vivo e
infundido con el Espíritu Santo, quien ora.

> La **PALABRA** de Dios nos da instrucciones claras e **INEQUÍVOCAS** sobre tener una **VIDA** devocional y de oración **EQUILIBRADA**.

Pablo sigue este versículo con una pregunta retórica: "Entonces
¿qué?" (versículo 15). En esencia él dice: "¿Qué es lo lógico que se

debe hacer en base a esta información?". Entonces responde su propia pregunta: "Oraré con el espíritu, pero también oraré con el entendimiento; cantaré con el espíritu, pero también cantaré con el entendimiento" (versículo 15).

Orar "con el espíritu" se refiere claramente a orar en lenguas porque en el versículo anterior Pablo dice: "si yo oro en lenguas, mi espíritu ora, pero mi entendimiento queda sin fruto". Aquí la Palabra de Dios nos da instrucciones claras e inequívocas sobre tener una vida devocional y de oración equilibrada. Orar con el espíritu y orar con el entendimiento. En sus tiempos de adoración privada, cante con el espíritu y cante con el entendimiento.

¿Está comenzando a ver que recibir y usar el lenguaje de oración es bíblico? Pablo dice sin rodeos: "Yo quisiera que todos hablarais en lenguas" (versículo 5). Después de esta exhortación a usar las lenguas libremente en la oración privada y en la adoración privada, Pablo regresa a dar instrucciones sobre usar el don en un marco público:

Doy gracias a Dios porque hablo en lenguas más que todos vosotros; sin embargo, en la iglesia prefiero hablar cinco palabras con mi entendimiento, para instruir también a otros, antes que diez mil palabras en lenguas.

Versículos 18–19

Piénselo, el mayor apóstol de la fe que jamás haya vivido, oraba en lenguas "más que todos vosotros".

El hombre de Dios que fue usado por el Espíritu Santo para escribir un tercio del Nuevo Testamento, por cierto, eso es más que lo que usted o yo escribimos, dijo: "Doy gracias a Dios porque utilizo este privilegio de gracia más que ninguno de ustedes".

19

Lenguaje beneficioso

Y a le conté que al principio yo abordaba una relación con el Espíritu Santo como si el don de lenguas fuera una especie de pastilla amarga que tenía que tragarme para ganar los otros beneficios "buenos" de tener al Espíritu Santo como ayudador en la vida. ¡Qué ignorante!

Ahora sé lo que antes no sabía. Es decir, de las muchas variedades de bendiciones y ayuda que vienen al ser bautizado en el Espíritu Santo, el don de un lenguaje de oración es uno de los más maravillosos. Aquello de lo que más cuidado yo tenía se ha convertido en una parte indispensable y preciada de mi vida y ministerio. Permítame mostrarle por qué.

EDIFICARSE A USTED MISMO Y A LA IGLESIA

Parece ser que cuando el tema son las lenguas, todos los caminos llevan a 1 Corintios 14.

Vamos a ver nuevamente este capítulo para identificar uno de los beneficios clave de orar en el Espíritu. Usted recordará que el versículo 4 dice: "El que habla en lenguas, a sí mismo se edifica, pero el que profetiza edifica a la iglesia".

Como tal vez usted ya sabe, *edificar* significa "acrecentar, fortalecer o mejorar". Es decir, cuando usted ora en lenguas, está fortaleciéndose espiritualmente. Y cuando usted da una palabra de parte del Señor, en público, en un lenguaje que todo el mundo entiende, usted está fortaleciendo a la iglesia espiritualmente.

Tenga en mente que Pablo está tratando de asesorar e instruir a la Iglesia en Corinto sobre la diferencia entre el uso privado y público de los dones espirituales. Observe, además, la conjunción que Pablo usa para unir las dos ideas. En la mayoría de las traducciones al español de este versículo, la palabra griega *de* se traduce "pero", como en el versículo que acabamos de leer (*"pero* el que profetiza"). Sin embargo, esta palabra también puede traducirse como "y" o "no obstante". De hecho, de las 2,870 veces que la palabra *de* aparece en el Nuevo Testamento griego, en muchos casos se traduce "y". Algunas de las paráfrasis modernas usan la frase "por otro lado" para comunicar el significado correcto.

¿Por qué estoy tomando tanto tiempo para dar una explicación gramatical? Porque muchas personas han tratado de darle demasiado significado a ese pequeño

¿QUÉ tiene de MALO fortalecerse ESPIRITUALMENTE?

"pero". Cuando leen: "El que habla en lenguas, a sí mismo se edifica, *pero* el que profetiza edifica a la iglesia", interpretan que Pablo estaba diciendo: "No hablen en lenguas. En cambio, profeticen". (Curiosamente, la gran mayoría de las personas que dicen esto tampoco creen en profetizar.)

Entonces, una traducción menos confusa de este versículo sería: "Él que habla en lenguas se edifica a sí mismo. *Por otro lado*, el que profetiza edifica a la iglesia".

Otros escépticos dicen que este versículo sugiere que orar en lenguas es de algún modo un acto egoísta y por lo tanto, debe evitarse. "A fin de cuentas", dicen, "Pablo dice que cuando uno ora en lenguas, solo se edifica a sí mismo".

Mi respuesta a ese argumento es siempre la misma: "¿Y qué?"

¿Qué tiene de malo fortalecerse espiritualmente? ¿Acaso no es por eso que animamos a los cristianos a que lean su Biblia todos los días? He descubierto que pasar tiempo con Dios cada día también me edifica. ¿Debiera evitarse esto? ¿Habrá alguna virtud en ser débil espiritualmente y estar derrotado de la cual yo no esté al tanto?

Sí, cuando usted ora en lenguas, o en el Espíritu, usted se edifica. Y edificarse es vital si vamos a ser ciudadanos útiles, productivos y victoriosos en el reino de Dios. También es verdad que en una reunión pública de adoración, su enfoque debe estar en edificar al cuerpo como un todo. Por cierto, he visto que no sirvo de mucho para otros a menos que primero me edifique a mí mismo. Si no tengo provisión espiritual en mis tiempos de oración a solas, no tengo mucho para dar cuando llego a una reunión de creyentes.

Claro, no hay nada de malo en edificarse a usted mismo. De hecho, en el resto del capítulo Pablo hace todo lo posible por asegurarse de que sus lectores entiendan esto. Varias veces enfatiza su deseo de que todos hablen en lenguas y afirma que él habla en lenguas más que ninguno de ellos.

A decir verdad, antes de terminar este capítulo, Pablo parece preocupado porque los líderes de la iglesia pudieran haberse llevado una impresión equivocada. Así que en el versículo 39, añade: "y no prohibáis hablar en lenguas". Pablo parece darse cuenta que, solo porque algo bueno y útil tiene el potencial de usarse mal, habrá personas que tratarán de arrancar el trigo con la cizaña. Y tiene razón. He escuchado a pastores y líderes religiosos claramente desobedecer este versículo. Han prohibido que cualquiera en su ministerio hable en lenguas.

El hecho es que todo buen don y práctica en la iglesia puede ser abusado o usado indebidamente, pero no debemos usar la posibilidad del mal uso como una excusa para privarnos por completo del don.

Una pieza vital de la armadura

Lo que muchas personas no entienden es que la Palabra señala el orar en el Espíritu como una parte vital de la "armadura de Dios". La mayoría de los creyentes están muy familiarizados con la lista de Efesios 6, de "la armadura de de Dios". De hecho, Pablo usa dos veces la palabra *toda* junto con esta lista de defensas y armas espirituales.

Acabamos de aprender que orar en el Espíritu nos edifica o fortalece. ¿Correcto? Observe ahora cómo Pablo introduce su descripción de la armadura de Dios:

Por lo demás, fortaleceos en el Señor y en el poder de su fuerza. Revestíos con toda la armadura de Dios para que podáis estar firmes contra las insidias del diablo. Porque nuestra lucha no es contra sangre y carne, sino contra principados, contra potestades, contra los poderes de este mundo de tinieblas, contra las huestes espirituales de maldad en las regiones celestiales. Por tanto, tomad toda la armadura de Dios, para que podáis resistir en el día malo, y habiéndolo hecho todo, estar firmes.

Efesios 6:10–13

Todo este pasaje implica enseñanzas sobre cómo "[fortalecerse] en el Señor y en el poder de su fuerza". ¿Por qué necesitamos fuerza sobrenatural? Porque estamos en una batalla diaria con "el diablo" y contra "principados, contra potestades, contra los poderes de este mundo de tinieblas, contra las huestes espirituales de maldad en las regiones celestiales". Pregúntese entonces, ¿es esa una batalla a la que realmente quiera ir débil, agotado e indefenso?

Al **MIRAR** a la **INVASORA OSCURIDAD** espiritual en nuestra **CULTURA** y en el mundo, ¿acaso no **NECESITAMOS** toda la **FORTALEZA** espiritual que podamos obtener?

Pablo también dice que necesitamos tener "su fuerza" para poder "resistir en el día malo". ¿Será posible que estemos en un día malo ahora? Al mirar a la invasora oscuridad espiritual en nuestra cultura y en el mundo, ¿acaso no necesitamos toda la fortaleza espiritual que podamos obtener?

Pablo procede a mostrarnos cómo resistir con fortaleza. Él comienza enumerando las partes conocidas de la armadura espiritual:

Estad, pues, firmes, ceñidos vuestros lomos con la verdad, y vestidos con la coraza de justicia, y calzados los pies con el apresto del evangelio de la paz. Sobre todo, tomad el escudo de la fe, con que podáis apagar todos los dardos de fuego del maligno. Y tomad el yelmo de la salvación, y la espada del Espíritu, que es la palabra de Dios;...

Versículos 14–17, RVR1960

Ahí es donde se detiene la mayoría de las personas que citan este pasaje. Mencionan "la espada del Espíritu" y terminan. Pero, por favor, observe la ausencia de punto y aparte después de la palabra "Dios" en ese último versículo. Ese punto y coma nos dice que la oración continúa. ¿Por qué será que nunca seguimos leyendo? La oración continúa: "...orando en todo tiempo con toda oración y súplica *en el Espíritu*" (versículo 18).

¿Alguna vez le han enseñado que orar en el Espíritu es parte de su armadura espiritual? Lo es. Y una vez que usted entiende que orar en el Espíritu le edifica espiritualmente, tiene mucho sentido que Pablo lo mencione en un pasaje en el que nos está enseñando a ser "fuertes en el Señor".

TODA LA ARMADURA DE DIOS

Usted y yo necesitamos "toda" la armadura de Dios, no solo algunas partes. Tenemos un enemigo que viene "para robar y matar y destruir" (Juan 10:10). Nuestro adversario "anda al acecho como león rugiente, buscando a quien devorar" (1 Pedro 5:8).

Sí, necesitamos la espada del Espíritu, la Palabra de Dios. Cuando el enemigo tienta a Jesús en el desierto, Jesús rechaza los ataques citando las Escrituras. "Escrito está...", dice Jesús una y otra vez. Además, la Palabra es la norma con la que debemos medir toda palabra profética y toda declaración del hombre. Si no está alineado con la Palabra, no lo acepte.

Sí, necesitamos ceñirnos los lomos con la verdad, la coraza de justicia y todo lo demás. Pero nos faltará algo vital a menos que estemos "orando en todo tiempo con toda oración y súplica *en el Espíritu*". Es la fuente de fortaleza para resistir y el poder para luchar.

EDIFICARSE

¿Habrá algún otro testigo bíblico que pueda aseverar que orar en el Espíritu nos edifica espiritualmente? ¡Sí! Dele un vistazo al libro de Judas. Allí encontramos: "Pero vosotros, amados, edificándoos en vuestra santísima fe, orando en el Espíritu Santo" (versículo 20). ¿Cuál es la receta de Judas para una fe fuerte y para edificarnos? "Orar en el Espíritu".

Hace más de dos décadas, antes de abrirme al bautismo en el Espíritu Santo, yo estaba predicando en varios servicios de avivamiento en una de las iglesias de mayor crecimiento de la Convención Bautista del Sur. De hecho, ésta era, dentro de la denominación, una de las iglesias líderes en bautismos. Me entusiasmaba pasar algún tiempo con el pastor porque Dios obviamente estaba haciendo cosas emocionantes en esa iglesia y yo quería saber por qué. Este hombre también tenía fama de ser un gran ganador de almas a nivel personal, y eso era algo por lo cual yo también tenía pasión.

En algún momento durante mi estancia allí supe, por una tercera persona, y para gran sorpresa mía, que este pastor había recibido el bautismo en el Espíritu Santo y a menudo oraba en lenguas en sus tiempos a solas con Dios. En base a

> "Para ser honesto, **NECESITO** toda la **EDIFICACIÓN** que sea posible obtener".

los prejuicios y conceptos errados que yo tenía entonces, aquello me resultó un poco alarmante.

Con el tiempo, reuní valor para preguntarle.

—Escuché que oras en lenguas —le pregunté cuando estábamos a solas.

—Sí —asintió él.

—¿Te puedo preguntar por qué? —continué. Él me miró y de manera muy directa me dijo:

—Bueno, la Biblia dice que eso te edifica, y para ser honesto, necesito toda la edificación que sea posible obtener.

En ese momento nuestra conversación se interrumpió y pasamos a otros temas. Pero desde ese día he pensado muchas veces en su respuesta sencilla y humilde. Tal y como dejan claro los pasajes que hemos examinado en este capítulo, él tenía razón. La Biblia sí nos dice que orar en el Espíritu nos edifica. Y *todos* necesitamos cuanta edificación espiritual sea posible obtener, sobre todo en los tiempos que estamos viviendo.

Por favor, hágase la pregunta: *Si la Biblia dice que orar en lenguas me edifica, ¿por qué yo no habría de quererlo?*

20

Usted decide

Como pastor, he tenido el privilegio de guiar a muchos creyentes, luego de abrir la Palabra y mostrarles las cosas que hemos estado explorando en este libro, para que reciban el bautismo del Espíritu Santo. Y después de muchos años de ayudar a otros cristianos a hacer el mismo descubrimiento maravilloso que yo hice, he observado algunos conceptos erróneos y falacias en el modo de pensar de aquellos que parecen batallar con recibir su lenguaje de oración.

Uno de los más comunes es la suposición que, una vez que usted se abra a recibir su lenguaje de oración, de algún modo, involuntariamente, saldrán palabras extrañas a borbotones como agua de un hidrante. Lo entiendo. Yo solía pensar de esa manera.

Muchas personas parecen pensar que orar en lenguas por primera vez vendrá seguido de caer en un trance y convulsionar un par de veces.

Pues, no.

Peor todavía, debido a este mismo malentendido, muchos que de otra manera se abrirían a recibir la gracia de un lenguaje de oración, le tienen miedo porque no quieren estar en la fila para pagar en la tienda de abarrotes y, repentinamente, comenzar a dar mensajes en lenguas de forma incontrolable. Ellos se imaginan cuán humillante sería si el Espíritu Santo escogiera justo el momento de una gran presentación de negocios para, de repente, hacerles entonar una canción en una versión celestial del swahili.

Repito, no.

Nada que tenga que ver con los dones del Espíritu Santo funciona de esa manera. El hecho es que operar en cualquiera de los dones espirituales es una decisión que usted toma. Recuerde lo que Pablo resume de todo lo que había escrito sobre las lenguas en 1 Corintios 14. Él dice: "Entonces ¿qué? Oraré con el espíritu, pero también oraré con el entendimiento; cantaré con el espíritu, pero también cantaré con el entendimiento" (versículo 15). Observe los cuatro verbos en tiempo futuro en el versículo de arriba. Está claro que usted tiene que ejercer su voluntad para elegir orar o cantar en el Espíritu así como cuando ora o canta con su entendimiento. Es decir, se trata de una decisión. Es como cualquier otra cosa que hacemos en nuestras vidas cristianas. Tenemos que rendirnos al Espíritu Santo. Tenemos que decidir cooperar con Él.

Un ejercicio de la fe

Otra falacia común es que dar el paso y orar en lenguas no requiere ninguna fe. La realidad es que sí requiere un gran paso de fe, pero también es así con la oración normal en su idioma materno.

Piénselo. Usted está en una habitación solo y decide comenzar a hablar en voz alta a un Dios que nunca ha visto. Si alguien pasa por su puerta podría preguntarse: "¿Con quién habla esta persona que está ahí completamente sola?".

Toda oración es un paso de fe. Ese es el mensaje principal de las conocidas palabras de Hebreos 11:6: "Y sin fe es imposible agradar a Dios; porque es necesario que el que se acerca a Dios crea que Él existe, y que es remunerador de los que le buscan".

Toda ORACIÓN es un paso de FE.

A menudo cuando oramos no *sentimos* nada. A veces pareciera que nuestras oraciones no pasan del techo. Pero si conocemos la Palabra, sabemos, por fe, que Dios escucha nuestras oraciones y que Él se acerca a aquellos que se acercan a Él.

Del mismo modo, dar el paso en su lenguaje de oración es un ejercicio de fe. He escuchado a algunas personas, que son nuevas en todo esto, decir: "He tratado y a mí solo me suena como una jerigonza". Bueno, eso no debería sorprendernos. Si usted tiene hijos, piense en cómo sonaba su hijo cuando comenzó a hablar. No se levantó un día y comenzó a decir oraciones completas y complejas. Todos los niños empiezan con unas pocas sílabas vacilantes. Cuando mi nieto tenía como 18 meses de edad, estaba de visita en nuestra casa y comenzaba a caminar. Me señalaba y decía: "Mapa-da-de-ma-pa-taya." Parecía muy entusiasmado con lo que estaba comunicando, así que le dije: "¿De verdad?" Enseguida contestó: "Ma-pa-da-de-ma-pa-ta-ya". Sostuvimos tremenda conversación durante un rato, aunque yo no entendí ni una palabra de lo que él dijo. Al parecer yo no tenía el don de interpretación. Sin embargo, su mamá sí. Él decía unas pocas sílabas incomprensibles y ella parecía saber exactamente lo que él quería.

Cuando mi hijo menor era pequeño y comenzaba a hablar, recuerdo estar sentado a la mesa escuchándolo decir, desde su silla de comer, algo que sonaba así: "¡Ba-ga-ba-ba!". Claramente intentaba decirnos algo, pero su madre y yo no teníamos idea de qué era. Entonces él lo repetía todavía más alto y con más énfasis: "¡Ba-ga-ba-ba!".

Entonces, su hermano mayor, que tenía cuatro o cinco años en aquel tiempo, decía: "Él quiere más maíz". Lo mirábamos y pensábamos: ¿Cómo es posible que de *Ba-ga-ba-ba tú hayas entendido "más maíz"?* Pero, efectivamente, poníamos un poco más de maíz en su plato y él dibujaba una enorme sonrisa en su rostro y se emocionaba.

Lo que quiero decir es, que una vez usted ora por el bautismo en el Espíritu Santo y lo recibe, quizá no tenga un vocabulario completo con sintaxis compleja la primera vez que, por fe, exprese su lenguaje de oración. Pero tal vez sí. He conocido a personas que lo han experimentado, aunque no es la norma. Su lenguaje de oración tampoco será necesariamente un idioma real, que hable una tribu o nación de la Tierra. Observe lo que dijo Pablo en el primer versículo del "capítulo del amor", 1 Corintios 13: "Si yo hablara lenguas humanas y angélicas..." Su lenguaje de oración podría ser una lengua angelical. De cualquier manera, yo he escuchado muchos testimonios de personas que dieron un mensaje en lenguas en un grupo de creyentes y luego se les acerca una persona extranjera y le dice: "Usted habló en mi idioma materno y en el dialecto perfecto del lugar donde vivo. ¡Hasta lo hizo con acento genuino!".

Comenzar es una decisión que requiere fe. Como dije antes, el Espíritu Santo no va a tomar el control de sus cuerdas vocales, pulmones y su lengua, y hablar en su lugar. Los dones espirituales no funcionan así. Por ejemplo, la Biblia habla del "don de dar", pero nunca, a nadie con ese don le saltó un cheque de su chequera y salió volando hacia el plato de la ofrenda mientras pasaba.

No, operar en el don de dar requiere dar un paso de fe y, por un acto de la voluntad consciente, escoger hacer un cheque. Del mismo modo, si usted va a orar en el Espíritu, tendrá que abrir su boca y comenzar a hablar en un idioma que no conoce. Requerirá fe y una decisión consciente de cooperar con el Espíritu Santo.

UNA CUESTIÓN DE CONFIANZA

Hay otro obstáculo que a menudo impide a las personas rendirse por completo al Espíritu Santo. Esa barrera se reduce a una cuestión de confianza. Permítame explicarme.

Con los años, he encontrado muchas personas que realmente querían cooperar por completo con el Espíritu Santo, pero el miedo las detenía. Específicamente, temían que si bajaban la guardia por completo y se abrían a la influencia del Espíritu Santo, a cambio, podrían terminar bajo la influencia de algo oscuro. Hablo de poderes demoniacos. Esta preocupación la he escuchado en múltiples ocasiones. De hecho, recuerdo haberlo pensado yo mismo. En mi corazón me preguntaba ¿y si abro mi espíritu al Espíritu Santo, *pero, de algún modo, obtengo un demonio en Su lugar?*

La buena noticia es que hace dos mil años, Jesús, anticipó estos temores y un día los trató directamente en una conversación con Sus discípulos. Sin embargo, antes de examinar esa conversación necesitamos ver unas palabras previas de Jesús que aclaran las que siguen.

En Lucas 10:19, escuchamos a Jesús hablar a los setenta discípulos que está enviando en parejas a viajes misioneros cortos. Jesús les dice:

Mirad, os he dado autoridad para hollar sobre serpientes y escorpiones, y sobre todo el poder del enemigo, y nada os hará daño.

Hay muchas verdades maravillosas en la declaración de Jesús, pero lo que quiero que usted observe ahora es que Jesús usa "serpientes" y "escorpiones" para simbolizar los poderes demoniacos. Él no les está dando poder para caminar sobre serpientes literales ni artrópodos punzantes reales. Podemos saber que "serpientes y escorpiones" se refiere a demonios, porque Él continúa diciendo "...y sobre todo el poder del enemigo". El versículo que sigue lo confirma más todavía, cuando Jesús dice: "Sin embargo, no os regocijéis en esto, de que los espíritus se os sometan".

Con esto en mente, adelantemos un capítulo y demos un vistazo fresco a lo que Jesús les dice a sus discípulos sobre la oración:

Así que pidan, y se les dará. Busquen, y encontrarán. Llamen, y se les abrirá. Porque todo aquel que pide, recibe; y el que busca, encuentra; y al que llama, se le abre. ¿Quién de ustedes, si su hijo le pide pan, le da una piedra? ¿O si le pide un pescado, en lugar del pescado le da una serpiente? ¿O si le pide un huevo, le da un escorpión? Pues si ustedes, que son malos, saben dar cosas buenas a sus hijos, ¡cuánto más el Padre celestial dará el Espíritu Santo a quienes se lo pidan!

Lucas 11:9–13, RVC

El contexto de todo este pasaje es la respuesta de Jesús a la petición de los discípulos "enséñanos a orar". Después de darles lo que conocemos como el "Padre nuestro" o la "oración modelo", Jesús les ofrece a ellos (y a nosotros) un recordatorio poderoso sobre la generosidad y la bondad de Dios.

> JESÚS les OFRECE a ellos (y a nosotros) un RECORDATORIO poderoso sobre la generosidad y la BONDAD de DIOS.

Jesús dice: "pidan, busquen, llamen" y "recibirán, encontrarán y se les abrirá".

Lo que es más importante, Jesús nos hace saber que cuando le pedimos a Dios algo bueno y santo, no tenemos que preocuparnos por recibir algo impío o demoniaco ("una serpiente" o "un escorpión"). Él es un Padre bueno.

Es esa última oración de Jesús la que realmente nos resuelve el asunto en lo que se refiere a pedir el bautismo en el Espíritu Santo, "¡cuánto más el Padre celestial dará el Espíritu Santo a quienes se lo pidan!"

¿Realmente pensamos que un Padre celestial compasivo y amoroso permitiría que recibiéramos un espíritu inmundo, demoníaco, cuando estamos obedeciendo el estímulo de Su Palabra para recibir el Espíritu Santo? ¡Claro que no! Eso es un insulto a la bondad, el poder y la integridad de Dios, pero, de igual modo, yo tuve ese pensamiento. Y lo mismo les sucede a muchos otros.

Lo bueno es que hace más de dos mil años Jesús se anticipó a ese temor y lo atacó de frente.

OTROS TRAUMAS DIVERSOS

Ese temor de recibir algo malo cuando estaba pidiendo algo bueno no fue el único obstáculo que se interponía entre la completa manifestación del Espíritu Santo en mi vida y yo. Tenía otros traumas diversos. De hecho, mi esposa, Debbie, y yo los teníamos. Como con todo lo demás en nuestras vidas, caminamos juntos el trayecto hacia la plenitud del Espíritu Santo.

Yo estaba en el ministerio a tiempo completo y hacía varios años que veníamos escuchando sobre el bautismo en el Espíritu Santo. Amábamos al Señor. Amábamos y honrábamos Su Palabra. Y si había algo que Dios tenía para nosotros, algo que nos haría más eficaces para Él, nosotros lo queríamos. Pero habíamos recibido muchas enseñanzas negativas sobre los dones del Espíritu Santo cuando éramos más jóvenes. Las raíces de ese adoctrinamiento religioso eran bastante profundas. Y todavía no estábamos convencidos, desde un punto de vista bíblico, de que el bautismo en el Espíritu Santo fuera una experiencia válida después de la salvación.

Por alguna razón nunca cuestionamos la validez del bautismo en agua después de la salvación. Pero teníamos un problema con la idea de recibir el bautismo del Espíritu Santo después de la salvación.

Teníamos muchas preguntas, pero con el tiempo nos vimos en una iglesia con un pastor que entendía muchas de las cosas que he compartido en las páginas anteriores. Él comprendía y enseñaba la realidad de los tres bautismos y que los dones del Espíritu todavía están a disposición de los creyentes. No mucho después de unirnos a esa iglesia, el pastor dio una clase sobre estas cosas.

Nos llevó pasaje por pasaje y antes de que terminara, ambos estábamos convencidos. Estábamos listos para recibir. Pasamos al frente de la habitación al final de la clase y le pedimos que nos guiara en una oración para recibir el bautismo del Espíritu Santo.

Él puso sus manos sobre la cabeza de Debbie y oró por ella. Luego la guió en una oración personal. El patrón bíblico en el libro de Hechos es que cuando el Espíritu Santo cae sobre las personas y las llena, a menudo comienzan a hablar en lenguas de inmediato. Le preguntó a Debbie si percibía algunas palabras o sílabas. Ella dijo que sí, y él la animó a decirlas en voz alta. Ella lo hizo y, en ese momento, tuvo el comienzo de su lenguaje de oración.

El pastor me llevó por el mismo proceso a mí también. Al final, el pastor preguntó: "¿Te parece como que quieres decir algo?" Sí que me parecía. Lo que yo sentía que venía de mi espíritu a mi mente consciente no eran palabras o sílabas de un lenguaje desconocido. Sentí un mensaje que se levantaba dentro de mí. Él dijo: "Solo di lo que está viniendo a tu mente".

Yo le dije: "Tenemos que ser un pueblo santo. Es importante para el pueblo de Dios vivir de manera recta y con pureza".

En ese momento yo no lo sabía, pero estaba profetizando. Esos fueron los primeros pasitos de una palabra profética. Ahora sé que esto también encaja con el patrón bíblico. Hechos 19:6, dice: "Y cuando Pablo les impuso manos, vino sobre ellos el Espíritu Santo, y hablaban en lenguas y profetizaban".

> Yo podía **PERCIBIR** una verdadera **DIFERENCIA** en mi **CORAZÓN** y en mis tiempos de **ORACIÓN**.

En las semanas siguientes, yo podía percibir una diferencia verdadera en mi corazón y en mis tiempos de oración. Pero me perturbaba un poco el hecho de que no había hablado en lenguas. Debbie, por otra parte, crecía y maduraba en su lenguaje de oración cada día. Para ser honesto, le molestaba un poquito a mi orgullo masculino que mi esposa fluyera en una bendición del Espíritu Santo que yo no parecía tener.

Un par de meses después Debbie y yo nos preparábamos para ir a la iglesia un domingo en la mañana, cuando observé que tenía una sonrisa rara en su rostro. Tenía la expresión de alguien que conoce un secreto divertido que usted no conoce. Recuerdo que pensé: ¿Por qué estará sonriendo? Cuando no pude soportarlo más, le pregunté qué se traía entre manos. Me di cuenta de que ella estaba renuente a decirme, y eso aumentó todavía más mi curiosidad. La presioné y por fin dijo: "Bueno, no quiero avergonzarte".

Eso era más de lo que yo podía soportar.

—¿Qué? Avergonzarme, ¿por qué?

—Bien, anoche yo no podía dormir, así que me levanté y fui a la sala para leer mi Biblia. Después, cuando regresé al cuarto...bueno, ahí fue cuando te oí.

—Ahí fue cuando me oíste, ¿qué? —dije yo realmente confundido—. ¿Estaba roncando?

—No, hablando en lenguas —dijo ella.

—¿Qué?

—Sí, anoche en sueños hablaste en lenguas. Hablabas y hablabas como loco, en algún otro idioma.

—¡Está inventando eso!

—No, en serio —me dijo ella. ¿Por qué habría de inventarlo?

Parece que tenía la capacidad de usar mi lenguaje de oración en sueños pero, hasta ese momento, no podía hacerlo despierto. Esta es mi teoría de aquella experiencia. Creo que era tan testarudo que mi espíritu tenía que esperar a que mi mente se durmiera antes de poder orar. Mi mente estaba tan adoctrinada y atada en la tradición, que se estaba interponiendo. Pero con la mente apagada durante el sueño, mi espíritu nacido de nuevo por fin tenía la libertad de comunicarse con el Espíritu Santo y orar.

> Mi **MENTE** estaba tan **ADOCTRINADA** y atada en la **TRADICIÓN** que se estaba **INTERPONIENDO**.

Posteriormente le mencioné esa experiencia a mi pastor. Su respuesta fue: "Ah, sí, eso pasa con mucha gente terca".

Vaya, qué alentador, recuerdo haber pensado. ¡Es bueno saber que no soy el único! *Él prosiguió diciendo que era probable que yo hubiera construido una fortaleza en* mi mente contra ese don. Tal vez a usted le ha pasado también. Permítame compartirle el consejo que me dio mi pastor.

Él dijo: "Robert, la próxima vez que estés completamente solo y tengas privacidad total, y puedas pasar un tiempo sin prisas con Dios, quiero que hagas lo siguiente. Pasa un tiempo leyendo tu Biblia, luego pon tu CD de adoración favorito y simplemente adora a Dios. Baja la guardia, sé abierto y expresa verbalmente tu adoración. Recuerda, nadie puede escucharte, solo tu Padre celestial. Entonces, después de haber alabado, agradecido y adorado a Dios vocalmente con tus propias palabras durante un rato, alterna, abre tu boca y comienza a orar en un lenguaje que no conoces. Confía en Dios al hacerlo, y abre tu boca en rendición, y habla. Confía en Él para esto tal y como haces con todo lo demás".

Estaba ansioso de seguir su recomendación y lo hice en la primera oportunidad que tuve. Estaba esperanzado. Supuse que si tenía el don de lenguas en el sueño, debía tenerlo en algún lugar mientras estaba despierto también. Efectivamente, a partir de ese día comencé a hablar en mi lenguaje de oración. Y, no obstante, estaba un poco decepcionado. Supongo que esperaba sentir descargar eléctricas en las piernas o tener visiones de ángeles en escaleras o algo parecido. Para ser honesto, no "sentí" nada.

Fe más que sentimientos

La siguiente vez que vi a mi pastor, él me preguntó si había experimentado un cambio. Le conté que sí, pero que me sorprendía la falta de fanfarria. Él me consoló diciendo: "No te preocupes por eso, Robert. Sigue haciéndolo en fe. Es probable que tampoco sientas nada cuando diezmas, pero de todos modos lo haces en fe, obediencia y expectación. Solo sigue adelante". Yasí lo hice.

Unos meses después, estaba lejos de casa en un viaje misionero. Me hospedé en un hotel y me levanté temprano para caminar, orar y pasar un tiempo con el Señor. Al rato llegué hasta la piscina desierta en el patio del hotel.

Había un poco de aire frío y sabía que no había muchas probabilidades de que me interrumpieran. Así que, que empecé a caminar alrededor de la piscina alabando a Dios y orando. Mientras oraba, en inglés, sentí algo que rara vez había sentido antes, o quizá nunca. Sentí un peso y poder en mis oraciones, como si el propio Espíritu Santo las estuviera llevando al Padre. Entonces, tuve un pensamiento que ahora sé que no vino de mí. Escuché *tienes que orar en el Espíritu.* Obedecí ese impulso y me alegro mucho de haberlo hecho. Comencé a orar en mi lenguaje de oración y casi de inmediato...despegó. Esa es la única manera en que puedo describirlo. Era diferente. Era un idioma. Yo seguía teniendo control y podía haberlo detenido en cualquier momento, pero no quería hacerlo. Fluía de una manera tan hermosa, era evidente para mí que mi espíritu humano nacido de nuevo y el Espíritu Santo estaban sincronizados.

Recuerdo que comencé a caminar de un lado a otro junto a la piscina como si estuviera predicando en la plataforma de una iglesia. Se sentía bien gesticular mientras hablaba en este idioma que yo no entendía. Supongo que, si alguien me hubiera visto en ese momento, habría pesando que me había pasado toda la noche bebiendo. Pero eso es justamente lo que pensaron de los discípulos algunos de los que estaban en la multitud de Jerusalén el Día de Pentecostés.

No sabía lo que estaba diciendo porque en ese momento yo no sabía cómo pedirle al Espíritu Santo la interpretación. Pero sabía que estaba predicando, declarando y profetizando de manera poderosa. Y sabía que estaba haciendo algo bueno para el reino de Dios. Recuerdo que pensé: *Ahhh, ¡eso es lo que ellos dicen!* *¡Esto es a lo que llaman unción!*

> Era **EVIDENTE** para mí que mi **ESPÍRITU** humano **NACIDO DE NUEVO** y el Espíritu Santo estaban **SINCRONIZADOS.**

¿Qué estaba haciendo? Estaba orando *en* el Espíritu.

A partir de ese momento supe lo que quiso decir Pablo cuando dijo a los creyentes en Corinto "quisiera que todos hablarais en lenguas" (1 Corintios 14:5).

Yo lo quiero para usted. ¿Por qué? Porque como hemos visto, es completamente *bíblico* y es un *beneficio* extraordinario. Pero usted no lo recibirá a menos que abiertamente se rinda y entregue. ¿Por qué? Porque también es una *elección*.

EN RESUMEN

¿Está usted como yo estaba? ¿La tradición o las malas enseñanzas de su pasado han creado fortalezas en su mente y corazón que le impiden abrirse a todo lo que el Espíritu Santo quiere hacer en usted? Si es así, usted también está limitando lo que Él puede hacer *a través* de usted.

¿Existen barreras entre usted y una completa manifestación del poder e influencia del Espíritu Santo en su vida? Si es así, ¿por qué les permitiría permanecer? Puedo asegurarle, si usted tuviera siquiera un indicio de cuán maravilloso es tener la voz y dirección del Espíritu Santo en dimensión completa, no lo dudaría ni un momento.

¿Ha tenido miedo de que si baja sus defensas espirituales pudiera abrirse a la influencia de algo inmundo o impío? Ahora ya sabe que puede descansar en la promesa que viene de los labios del propio Jesús:

¿Quién de ustedes, si su hijo le pide pan, le da una piedra? ¿O si le pide un pescado, en lugar del pescado le da una serpiente? ¿O si le pide un huevo, le da un escorpión? Pues si ustedes, que son malos, saben dar cosas buenas a sus hijos, ¡cuánto más el Padre celestial dará el Espíritu Santo a quienes se lo pidan!

Lucas 11:11–13, RVC

Usted puede confiar en Él. Como nos dice Santiago: "Toda buena dádiva y todo don perfecto viene de lo alto, desciende del Padre de las luces, con el cual no hay cambio ni sombra de variación" (1:17). Si alguna vez hubo un regalo bueno y perfecto que viniera del Padre, el Espíritu Santo es ese regalo. Él es bueno. Él es perfecto.

Usted, ¿qué espera?

PARTE 7

EL DIOS QUE USTED NECESITA CONOCER

Su nuevo mejor amigo

Se cuenta la historia de un hombre pobre en Europa oriental a principios del siglo veinte. El hombre deseaba mudarse con su familia en los Estados Unidos con la esperanza de construir una vida mejor. Después de varios años de escatimar y ahorrar, por fin reunió dinero suficiente para comprar un pasaje de tercera clase, en un gran barco de vapor, hacia Nueva York.

Solo tenía dinero suficiente para un pasaje. Así que él y su esposa decidieron que él se adelantaría a la familia, buscaría un trabajo y tan pronto como fuera posible ahorraría dinero suficiente para traerlos a todos a los Estados Unidos.

Gastó casi todos sus ahorros en el pasaje, lo cual le dejó muy poco dinero para comprar comida a bordo del barco. Además, necesitaba lo poco del dinero que le quedaba para establecerse una vez que llegara a la prometida tierra de los Estados Unidos. Así que compró una rueda de queso duro y una caja de galletas para sostenerse durante el viaje de 12 días al Nuevo Mundo.

Cuando comenzó su trayectoria por el océano, racionó cuidadosamente el queso y las galletas, asegurándose de que tendría lo suficiente para todo el viaje. A veces a la hora de comer miraba con ansia por las ventanas de los comedores donde se servían a los demás pasajeros comidas sencillas pero saludables y abundantes. La comida lucía maravillosa, pero él se confortaba con la idea de que en algún día futuro ganaría lo suficiente como para comer bien y alimentar a su familia. Entonces regresaba a su pequeño camarote para su ración de queso.

El último día del viaje había mucha emoción a bordo porque pronto la Estatua de la Libertad y la isla Ellis, el acceso para los nuevos inmigrantes, estaría a la vista. También era bueno porque el hombre se había comido su última porción de queso mohoso y galletas rancias al mediodía del día anterior. Tenía hambre.

Finalmente, el hombre se vio junto a la baranda del barco, parado junto a uno de los sobrecargos. Conversaron un poco sobre la emoción de la llegada. Entonces el sobrecargo le hizo una pregunta.

—No quiero entrometerme, señor, pero me di cuenta de que usted no comió nunca con los demás pasajeros en el comedor. Espero que no hayamos hecho algo que le ofendiera.

—Oh cielos, no —dijo el hombre–. Todos han sido muy gentiles. Solo que yo estoy ahorrando el dinero que me queda para mis gastos al establecerme en los Estados Unidos. No quería gastar el dinero en comida.

> La **OPORTUNIDAD** de bendición y **PROVISIÓN** en su **VIAJE** se **PERDIÓ** para siempre.

La expresión de confusión del sobrecargo se convirtió en sorpresa y consternación cuando comprendió el significado de las palabras del hombre.

—¡Oh, mi querido amigo! —dijo el sobrecargo—. ¿No sabía usted que las tres comidas de cada día estaban incluidas en el precio de su pasaje? Le reservamos un lugar en cada comida, ¡pero usted nunca vino!

Claro, el hombre no lo supo hasta que fue demasiado tarde, y la oportunidad de bendición y provisión en su viaje se perdió para siempre.

UN LUGAR RESERVADO PARA NOSOTROS

Cada día, encuentro cristianos que son como este hombre. Viven sin la bendición y provisión que tienen a su disposición en el viaje de la vida como hijos de Dios nacidos de nuevo. Jesús envió al Espíritu Santo como un regalo maravilloso, un regalo mejor que tener al propio Jesús con nosotros, y Jesús compró en la cruz el precio completo de Su presencia en nuestras vidas. El Espíritu Santo vino junto con todas las otras bendiciones maravillosas de la salvación, pero algunos creyentes nunca reciben ni abren el regalo. En cambio, viven vidas de cristianismo tipo queso y galletas. Se las arreglan por este mundo carentes de poder y sin las riquezas de la presencia de Dios, se consuelan con la idea de que el cielo les espera en el más allá.

Algunos observan anhelantes el poder y la utilidad en el reino de Dios que otros parecen disfrutar. Con la nariz contra la ventana, ven a ciertos creyentes que obviamente escuchan la voz de Dios claramente y siempre parecen bendecir a otros con mensajes oportunos de ánimo y frescura espiritual. Estos son los mismos cristianos que una y otra vez parecen tomar decisiones sabias y evitar las caídas, casi como si supieran de antemano lo que aguarda al doblar la esquina. Oran con una dimensión más alta de poder y eficacia. Milagros y "coincidencias" asombrosas son parte de las vidas cotidianas de estos creyentes.

Los de afuera suponen que dichos privilegios son para una clase especial de cristianos, no para ellos. Pero están equivocados. Dios les ha reservado un lugar en la mesa del banquete abundante de Su Espíritu Santo. Pero ellos nunca llegan.

Disponible para todos

El bautismo en el Espíritu Santo está disponible para todos los creyentes. No es una insignia de méritos ni una medalla que se ganan unos pocos selectos. No es un nivel de espiritualidad que se logra mediante el esfuerzo o el tiempo. Él es un don que se derrama libremente sobre aquellos que pidan y reciban, incluso el creyente más joven y nuevo. Como dice Jesús: "Pues si ustedes, que son malos, saben dar cosas buenas a sus hijos, ¡cuánto más el Padre celestial dará el Espíritu Santo a quienes se lo pidan!" (Lucas 11:13, RVC).

Algunos cristianos sencillamente no saben lo que se han perdido. Suponen que el cristianismo de queso y galletas es lo único que está a su disposición. Tal vez usted era uno de esos antes de leer este libro, pero ahora ya sabe que no es así.

A manera de recordatorio, estos son algunos de los beneficios y bendiciones que trae la amistad con el Espíritu Santo:

- *Consuelo.* Jesús llamó al Espíritu Santo el Consolador, y Él es una presencia constante en nuestras vidas, listo y capaz de llenarnos de paz y seguridad (Juan 14:15–17; 1 Corintios 14:3).

- *Convicción.* Uno de los roles del Espíritu Santo es convencernos de que necesitamos a Dios y mostrarnos que estamos separados de Él. Entonces, Él nos acerca a Jesús, la única respuesta a esa necesidad y por último nos convence de que ya estamos a cuentas con Dios por medio de Él (Juan 16:8–11).

- *Consejo.* El Espíritu Santo es el Consejero que nos guía a toda verdad y nos muestra las cosas que vendrán; nos capacita para evitar caídas, nos ayuda a evitar heridas autoimpuestas y nos da las palabras perfectas para decir en circunstancias difíciles (Juan 16:13; Hechos 16:6).

- *Comunión.* El Espíritu Santo es un compañero siempre presente y un amigo que, además, es Dios (2 Corintios 13:14; Filipenses 2:1).

- *Dones.* El Espíritu de Dios viene con dones especialmente diseñados para equiparnos para el servicio máximo en el reino de Dios. Cuando recibimos y operamos en estos dones, todo el cuerpo se vuelve más fuerte, saludable y satisfecho (Romanos 12:6–8; 1 Corintios 12:1–10; 14:1; Hebreos 2:4).

- *Fruto.* Mientras más libertad tenga el Espíritu para operar en nuestras vidas, más fruto llevaremos. Si usted necesita más amor, paz, paciencia, bondad o cualquier otra cosa buena en su vida, sencillamente necesita rendirse más al Espíritu Santo (Gálatas 5:22–23; Efesios 5:9).

- *Misterios revelados.* El Espíritu Santo puede darnos una perspectiva y comprensión que no están disponibles de ninguna otra manera. Esto incluye revelación de los planes y propósitos de Dios así como un conocimiento útil de las claves para resolver desafíos aparentemente insolubles. (1 Corintios 2:6–12).

- *Ayuda en la oración.* El Espíritu Santo está listo y disponible para ayudarnos a orar de manera más eficaz y, de hecho, orar a través de nosotros. A muchos cristianos la oración les resulta un ejercicio aburrido y carente de vida porque nunca se abren a este ministerio del Espíritu (Romanos 8:26; 1 Corintios 14:15).

- *Poder.* El poder para ser un testigo eficaz, para ser valientes, para comprender la Biblia, y para hacer prácticamente todo lo que se supone que implique la vida cristiana, viene del Espíritu Santo que mora en nosotros por medio de Su bautismo.(Lucas 24:49; Hechos 1:8; 10:38; Romanos 15:13; 1 Tesalonicenses 1:5).
- *Libertad.* La verdadera libertad es obra del Espíritu Santo en nuestras vidas. Es una obra que debemos autorizar y con la que debemos cooperar (Romanos 8:2; 2 Corintios 3:17).

Y hay mucho más. Es asombroso contemplar todas las cosas que el Espíritu Santo está listo para hacer en la vida del creyente. Cuando usted considera esa realidad, hace que sea todavía más increíble que tantos cristianos sigan diciendo "no, gracias" a Su obra en sus vidas.

Alguno siguen permitiendo que el temor, la información equivocada, los prejuicios religiosos, o sencillamente un orgullo viejo y malo, les impida abrir la puerta de sus corazones a un Dios que les ama y solo quiere lo mejor para ellos.

RECIBA AL ESPÍRITU SANTO

Ahora que estamos al final de esta jornada bíblica, oro para que usted no sea uno de los cristianos con temores, prejuicios y orgullo que rechazan la asombrosa oferta de amistad con el mismo Dios. Mi esperanza es que usted esté listo para pedir y recibir, porque sé que la necesidad del poder y presencia del Espíritu Santo en la vida de un creyente es tan crucial actualmente como lo fue en el tiempo de los apóstoles.

Y experimentar Su poder y presencia es realmente tan sencillo como pedir y recibir. Nuestro Padre celestial recibe gozo y placer cuando da el Espíritu Santo a los que se lo piden.

Así como con la experiencia de la salvación, el bautismo en el Espíritu Santo es un regalo gratuito del Padre que usted puede recibir por fe.

¿Qué puede esperar una vez lo haga? Puede esperar que las cosas sean diferentes en su vida. Es posible que sienta o no algo en el momento en que pida y reciba. Esto también es similar a la experiencia de la salvación; algunas personas no sienten nada, pero pasan al frente por fe, mientras que otras experimentan lágrimas, gozo, liberación o una multitud de impactos físicos y emocionales. Cada uno es único.

> El Espíritu Santo **NO** es **MÍSTICO. Es PRÁCTICO**.

Sin embargo, el patrón de la Escritura es claro. Cuando una persona recibe el Espíritu Santo, existen manifestaciones específicas, frecuentes, asociadas con el encuentro. Algunos se ponen emotivos o expresan un don del Espíritu Santo como las lenguas o la profecía mientras que otros observan un cambio en su perspectiva de la Escritura o en la valentía para testificar. Aunque no las manifestaciones para recibir el Espíritu Santo no son requisito, son comunes.

Las manifestaciones y los dones son en realidad maravillosos. Bendecirán y transformarán su vida de maneras innumerables. Pero no es esto lo mayor que yo ansío para usted. Más que los dones que el Espíritu Santo trae, ¡quiero que usted conozca a la *persona* asombrosa del Espíritu Santo! Comunión, compañerismo e intimidad, es decir, *la amistad* con el Espíritu Santo es la mayor bendición de todas.

El Espíritu Santo no es místico. Es práctico. Quiere venir y ayudarle cada día. Caminar a su lado, que puedan hablar en todo momento, consolarlo, ¡Él quiere ser su mejor amigo!

Oro para que usted no pase un día más en un cristianismo escaso, de queso y galletas, cuando ya ha sido comprado para usted todo un banquete de dones y capacidades. Él vino junto con su pasaje para el cielo.

¿Es el Espíritu Santo su mejor amigo? Puede serlo hoy.

El Dios que nunca conocí

P ara que usted saque el máximo provecho de cada sesión, esta guía de estudio está diseñada para utilizarse *después* de leer los capítulos asignados para cada sesión. Ya sea que esté estudiando *El Dios que nunca conocí* solo o en grupo, la meta es que piense un poco más, que considere y ore por lo que está aprendiendo y que aplique las verdades de la Palabra de Dios a su vida personal. La guía de estudio tiene ocho sesiones. Sin embargo, si su grupo quiere ir más despacio, solo ajuste las lecturas y use las preguntas según corresponda.

LEA LOS CAPÍTULOS ANTES DE CADA SESIÓN

Cada sesión cubre capítulos específicos de *El Dios que nunca conocí*. A medida que lea los capítulos, tome notas y subraye, en el libro, pasajes que le hablen, le desafíen o se apliquen a usted de modo personal. Durante su lectura y reflexión, pídale al Señor que le dé entendimiento para que, cuando llegue a la sección de la guía de estudio, usted esté preparado para beneficiarse de la mayoría de las preguntas.

INTRODUCCIÓN Y COMENTARIO GENERAL

Al principio de cada sesión de grupo, pregunte sobre respuestas o novedades relacionadas a la oración de sesiones anteriores. Luego, juntos, pasen tiempo en oración. Después, pida que alguien lea la introducción breve en voz alta para recordar a todos el enfoque de la conversación. El líder debe invitar al grupo a comentar cualquier pregunta, preocupación, descubrimiento o comentario que haya surgido en el tiempo a solas con el material.

Sin temor

El Dios que nunca conocí trata de la maravillosa persona del Espíritu Santo y Su ministerio en la vida del creyente. Como podrá imaginar (y como reconoce fácilmente el autor en su testimonio personal), es posible que los miembros de su grupo representen una amplia gama de trasfondos y enseñanzas sobre el Espíritu Santo. ¡Eso no es problema! Solo existen tres requisitos previos para participar en el grupo:

(1) un deseo humilde de crecer en Cristo y aprender de Su Palabra, (2) corazones y mentes realmente abiertos a lo que Dios pueda revelar por medio del conocimiento que da el autor sobre la Palabra y (3) un compromiso a interactuar de manera cortés y respetuosa unos con otros y con el material presentado.

Los facilitadores del grupo y los participantes no deben temer al tema ni a las diferencias de opinión. Un enfoque saludable para manejar los desacuerdos o los conceptos, que pudieran ser nuevos para alguien, es decir: "Veamos lo que dice la Palabra de Dios" y luego repasar los pasajes pertinentes a los que el autor hace referencia. Si después de la discusión es obvio que un participante sigue luchando con un concepto, considere seguir adelante y diga: "Acordemos en llevar este concepto al Señor, en oración, esta semana y luego damos nuestra opinión, ¿les parece?" Esto no solo ayudará a mantener la conversación en calma y enfocada sino que ayuda también a que el grupo vuelva a centrarse en la Biblia como la autoridad final en un asunto.

Sobre todo, nunca debe haber presión ni intimidación a otros por ver las cosas de manera diferente. Están juntos en una jornada de descubrimiento. La gentileza es la clave; confíe en que el Espíritu Santo revelará la verdad y, si es necesario, cambiará los corazones y las mentes. Uno nunca sabe, tal vez la mente y corazón que Él cambie, ¡sean los suyos!

Vean las preguntas

Las preguntas para reflexión y discusión están diseñadas para enfocarse en cómo cada persona se relaciona con los temas fundamentales de los capítulos. La mayoría de las preguntas están concebidas para servir al grupo y fomentar la discusión, no para producir una respuesta en particular. Con eso en mente, *no se apresure con las preguntas*.

Tómese su tiempo y permita que el Espíritu Santo obre. No es necesario preguntarles a todos antes de pasar a la próxima pregunta. Las mejores discusiones se producen cuando las personas se sienten libres para hablar. Los debates en grupo son realmente oportunidades para que el Espíritu de Dios ministre de manera única por medio de un creyente a otro de forma muy específica. Si usted no termina con todas las preguntas para una sesión, no se preocupe. Descanse y confíe en que Dios lleva el debate adonde quiere llevarlo.

VERSÍCULOS CLAVE

Cada sesión ofrece un versículo tema que se relaciona con el contenido de la sesión. Los grupos deben leer el versículo en voz alta y si alguien en el grupo tiene una traducción de la Biblia diferente, pídale que la lea en voz alta para que el grupo pueda tener una idea más amplia del significado del pasaje. Anime a los participantes a memorizar estos versículos para enriquecer su comprensión y apreciación del ministerio personal de Dios el Espíritu Santo.

TERMINE CADA SESIÓN EN ORACIÓN

Orar juntos es la manera más poderosa de hacer que la discusión sea eficaz, auténtica y relevante. ¡No deje muy poco tiempo para la oración! Asegúrese que los miembros del grupo tengan la oportunidad para compartir sus peticiones. En varias de las sesiones también sugerimos que comience el tiempo de oración con unos pocos minutos de oración en silencio en los que cada participante pueda hablar con Dios a nivel personal sobre cualquier cosa que Él pueda estarles diciendo.

ASIGNE LOS CAPÍTULOS PARA LA PRÓXIMA SESIÓN

Antes de la sesión 1, los miembros del grupo deben leer los capítulos 1 y 2 de *El Dios que nunca conocí*. Entonces, al terminar cada sesión, recuerde a los participantes los capítulos del libro que deben leer antes de la próxima reunión.

¿ME FALTA ALGO?

(CAPÍTULOS 1 Y 2)

Introducción

Aunque muchos creyentes han hecho el descubrimiento maravilloso del ministerio del Espíritu Santo en sus vidas, demasiados creyentes mantienen al tercer miembro de la Trinidad a distancia ya sea por temor, confusión, información errónea de quién el Espíritu Santo es y de la amistad personal, poder y dirección que Él ofrece a todos los que creen en Jesucristo.

Lamentablemente, tal titubeo solo les impide crecer en su fe. De hecho, Jesús consideró tan crucial el ministerio del Espíritu Santo que, en la noche antes de Su crucifixión, les dijo a Sus discípulos: "Y yo rogaré al Padre, y El os dará otro Consolador para que esté con vosotros para siempre; es decir, el Espíritu de verdad, a quien el mundo no puede recibir, porque ni le ve ni le conoce, pero vosotros sí le conocéis porque mora con vosotros y estará en vosotros." (Juan 14:16–17).

Jesús sabía que una vez ascendiera al cielo, ya no estaría disponible en la tierra para ayudar e instruir a Sus seguidores. Pero Dios tenía un magnífico plan a largo plazo: darnos al Espíritu Santo ("otro Consolador") que morara en todos los creyentes para capacitarnos, enseñarnos y guiarnos a vivir, a la manera de Dios, en un mundo hostil.

En este estudio vamos a explorar quién es el Espíritu Santo, Su ministerio en los corazones y vidas del pueblo de Dios y Su papel en ayudarnos a vivir la vida cristiana gozosa y exitosa.

Reflexión y discusión

1. ¿Se identifica usted con la experiencia del autor de no conocer realmente mucho sobre el Espíritu Santo con anteriori-
   dad en su caminar cristiano? En los primeros tiempos de
   su fe, ¿cuál era su comprensión de la identidad del Espíritu
   Santo y Su papel en la vida del cristiano?

2. Cuando Robert se marchaba para ir al instituto bíblico su
   pastor le aconsejó: "Ten cuidado con la gente que habla del
   Espíritu Santo". ¿Qué supone usted que había detrás de la
   advertencia del pastor? ¿Alguna vez se ha sentido usted así
   de cauteloso con respecto al Espíritu Santo? ¿Por qué?

3. Robert escribe: "la mayoría de los cristianos tienen una
   visión distorsionada, imprecisa o incompleta del tercer
   miembro de la Trinidad...Demasiada gente se ha resignado
   a una derrota perpetua en sus batallas contra la tentación
   o a dar tropiezos en la vida, tomando decisiones con solamente la guía de su razonamiento deficiente. Otros viven
   un cristianismo insípido e impotente". ¿Está o no, usted de
   acuerdo con el planteamiento de Robert sobre la mayoría de
   los cristianos? Explique su respuesta. Si en realidad muchos
   o la mayoría de los cristianos no son tan fuertes, amorosos, gozosos o eficaces como podrían ser, ¿a qué atribuye
   su debilidad?

4. Jesús prometió a sus seguidores "el Consolador, el Espíritu
   Santo, a quien el Padre enviará en mi nombre" (Juan 14:26).
   Piense en su propio caminar cristiano, ¿cómo el Espíritu Santo le ha ayudado en el camino? Cuente un ejemplo
   reciente.

5. Jesús sigue diciendo: "Él [el Espíritu Santo] os enseñará
   todas las cosas, y os recordará todo lo que os he dicho".
   ¿Qué significa este pasaje para usted con relación al ministerio del Espíritu en la vida cristiana?

6. Robert escribe: "Escuchar la voz de Dios comienza por
   reconocer qué miembro de la Trinidad tiene la tarea de
   hablarnos en esta etapa de la historia. Y es, por supuesto, el
   Espíritu Santo. El Padre está en el trono. Jesús está sentado

a Su derecha y, según Hebreos 10:12–13, seguirá allí "esperando hasta que sus enemigos sean puestos por estrado de sus pies". Sin embargo, el Espíritu Santo está activo y presente, y tiene la orden de interactuar con nosotros en la Tierra hoy día". ¿Cuáles son algunas maneras en las que un cristiano puede escuchar la voz de Dios? En tales ejemplos, ¿quién está hablando? ¿Puede alguna vez la guía del Espíritu Santo ser contraria a la Palabra de Dios o Su voluntad? ¿Por qué o por qué no?

Versículo clave
Desde ahora y hasta la sesión número dos, reclame como propia esta promesa de Jesús: "Estas cosas os he dicho estando con vosotros. Pero el Consolador, el Espíritu Santo, a quien el Padre enviará en mi nombre, El os enseñará todas las cosas, y os recordará todo lo que os he dicho." (Juan 14:25–26).

Oración
Tome tiempo para compartir sobre necesidades y peticiones para cerrar en oración. Asegúrese, también, de agradecer a Dios por ofrecer al Espíritu Santo para ayudar, enseñar, guiar y capacitar a Sus hijos.

Para la próxima vez
Para prepararse para el próximo estudio y discusión, lea los capítulos 3 y 4 de *El Dios que nunca conocí*.

¿QUIÉN ES EL ESPÍRITU SANTO?

(CAPÍTULOS 3 Y 4)

Introducción

Si usted es como muchos cristianos, puede haber encontrado, incluso abrazado, algunos estereotipos negativos sobre el Espíritu Santo y la "vida llena del Espíritu". Al autor de *El Dios que nunca conocí* le pasó. A Robert le tomó un tiempo, pero una vez abrió su mente y corazón a la verdad de la Biblia sobre el Espíritu Santo, ¡se dio cuenta rápidamente de los beneficios increíbles que se había estado perdiendo!

En la sesión 2, continuaremos examinando quién es el Espíritu Santo. Observe el énfasis en quién, no en qué, porque el Espíritu es, de hecho, una persona y no una fuerza cósmica vaga. En los capítulos 3 y 4 Robert aclara, con la Palabra de Dios, que el Espíritu Santo es Dios, así como Dios es Dios y Jesús es Dios. El Espíritu es la forma gloriosa de Dios de ser un amigo muy presente y activo en la vida de todo el que confía en Cristo como Salvador y Señor.

En la sesión 1, vimos que Dios envió al Espíritu Santo para ser nuestro Consolador. El estudio de hoy profundiza en la identidad del Espíritu al mostrarnos que también es nuestro amigo... y que Él es Dios.

Reflexión y discusión

1. El autor escribe: "Estos estereotipos en realidad existen y abundan entre mucha gente que ama a Jesús. Muchos están sinceramente renuentes a aceptar la oportunidad de una relación transformadora con el Espíritu Santo debido a dichos estereotipos". Robert afirma que Satanás es el autor de los estereotipos "raros" que el mundo tiene sobre la vida controlada por el Espíritu. ¿Por qué supone usted que Satanás no querría que el pueblo de Dios acepte la ayuda, amistad y divinidad del Espíritu Santo?

2. A partir de su propia observación y experiencia, ¿cuáles son algunas de las tácticas que usa Satanás para convencernos de que aceptar el ministerio personal del Espíritu podría incomodarnos o hacernos raros? ¿Ha luchado usted con estos temores? Cuente su historia.

3. En el capítulo 3, Robert cita cuatro beneficios asombrosos que el Espíritu Santo trae a la vida del creyente. ¿Cuál de estos beneficios le resulta particularmente significativo hoy? ¿Por qué es así? Cuando el Espíritu Santo realmente tiene el control de sus pensamientos y acciones, ¿qué diferencia podría marcar en su vida en particular?

4. Resuma la enseñanza del autor sobre cómo el Espíritu Santo nos habla. Si nosotros, como cristianos, no creemos que estamos escuchando la voz del Espíritu Santo, ¿qué pudiera estar impidiendo dicha comunicación?

5. Robert escribe: "El testimonio de la Escritura es que el Espíritu Santo es un miembro completo e igual de la Trinidad. El Espíritu Santo no es una fuerza, ni una cosa, ni un algo. El Espíritu Santo es Dios en una de Sus tres personas. Es penoso tratarlo como una especie de idea celestial tardía o una categoría inferior de ser sobrenatural al que podemos ignorar". Busque y lea en voz alta Mateo 28:19, Juan 14:16 y 15:26, y Hechos 5:3–4. Después de cada pasaje, responda esta pregunta: ¿qué dice este pasaje sobre la persona del Espíritu Santo?

6. Durante unos instantes, enfóquese en el último párrafo del capítulo 4: "le animo a comprender tres verdades antes de que prosigamos en esta jornada: (1) el Espíritu Santo fue enviado para ser su ayudador, (2) Él quiere ser su amigo íntimo, y (3) la verdad que hace esas dos declaraciones más que sorprendentes es que Él es Dios". ¿Qué significan estas verdades para usted personalmente, hoy? ¿Cómo evaluaría usted el estado de su relación actual con el Espíritu Santo?

Versículo clave
Entre hoy y la sesión número 3, enfóquese en esta amonestación del apóstol Pablo:

"Vivan por el Espíritu, y no seguirán los deseos de la naturaleza pecaminosa".

Gálatas 5:16, NVI

Oración
Tome tiempo para compartir necesidades y peticiones para cerrar en oración. Asegúrese también de agradecer a Dios por ofrecer al Espíritu Santo para ser su ayudador y amigo.

Para la próxima vez
Para prepararse para el próximo estudio y discusión, lea los capítulos 5, 6 y 7 de *El Dios que nunca conocí*.

¿CÓMO ES ESTA PERSONA?

(CAPÍTULO 5, 6, Y 7)

Introducción

"La vida cristiana es una jornada en ascenso", escribe el autor en el capítulo 7. "Cuando nacemos de nuevo, somos hechos *justos*, estamos bien con Dios. Pero la *santificación*, llegar a ser puros y más semejantes a Cristo en nuestra conducta, es un proceso. El Espíritu Santo quiere ser nuestro compañero y amigo en ese proceso".

En los capítulos 5, 6, y 7, Robert profundiza en el hecho de que el Espíritu Santo no es una entidad impersonal sino una persona, con personalidad y alma que consiste en mente, voluntad y emociones. Saber esto nos asegura que Dios el Espíritu Santo es un amigo que realmente queremos conocer íntimamente, un Ayudador en quien podemos confiar por completo y un Consolador en quien nos podemos apoyar en tiempos de angustia. ¡Qué honor y privilegio tener a Dios viviendo dentro de nosotros!

Reflexión y discusión

1. En varios lugares de la Biblia se describe o demuestra que Dios es *omnisciente* (todo lo sabe), *omnipotente* (todopoderoso), y *omnipresente* (puede estar en todas partes al mismo tiempo). ¿Qué le dice esto a usted sobre el conocimiento, fortaleza y presencia de Dios el Espíritu Santo? ¿Qué importancia tiene esto para usted como hijo de Dios?

2. Busque Efesios 3:20 y léalo en voz alta. ¿Qué (o, correctamente *Quién*) es "el poder que obra en nosotros"? ¿Cómo se siente saber que su ayudador personal y amigo es omnipotente? ¿Está aprovechando este poder que está en usted?

3. Robert escribe: "Lo maravilloso es que usted tiene al Espíritu Santo viviendo dentro de usted, y como Dios, Él tiene el mismo nivel de sabiduría y conocimiento [que Dios]. El Espíritu Santo lo sabe todo, de todo, y se ha comprometido a ser su maestro. Él promete llevarle a toda la verdad". ¿Qué le ayuda a comprender este párrafo sobre la mente del Espíritu Santo? Piense en algunas maneras específicas en las que Él guía a los creyentes "a toda la verdad".

4. En sus propias palabras, explique las diferencias básicas entre la *voluntad general* de Dios y la *voluntad específica* de Dios. *¿Cuál es la mejor manera en que podemos aprender y conocer la voluntad general de Dios?* ¿De qué manera es más probable que aprendamos y conozcamos Su voluntad específica?

5. ¿Le sorprendió leer que el Espíritu Santo tiene emociones, que podemos causarle dolor o tristeza? ¿Qué significa esto para su amistad con Él?

6. Busque Efesios 4:25–32, y léalo en voz alta. Robert escribe: "Observe algunas de las conductas específicas que causan tristeza al Espíritu Santo: mentiras, pecado, robar, no compartir con otros... Ya que el Espíritu Santo vive en cada creyente, maltratar a cualquiera de ellos implica maltratar al Espíritu Santo en ellos". Cuando usted entristece al Espíritu Santo ¿qué le sucede a su intimidad con Él? ¿Por qué? ¿Qué necesita usted hacer para restaurar la intimidad con Él?

7. El autor escribe: "El orador comenzó a decir que cuando el Espíritu Santo nos advierte de algo e ignoramos Su advertencia, es el equivalente a "paralizarlo". En esencia le decimos al Espíritu Santo: "No quiero que estés en mi vida. No quiero escucharte. No quiero seguirte aunque quieras lo mejor para mí". El orador entonces describió cómo podemos paralizar al Espíritu Santo por el pecado en un momento y luego esperar que nos hable sobre cualquier otro asunto

unos minutos después". ¿Puede usted pensar en una ocasión cuando el Espíritu Santo estuviera hablándole y usted "paralizara" su amorosa guía? Al recordar la experiencia, ¿cree que su manera de actuar (o no actuar) entristeció al Espíritu Santo? ¿Cómo resultó la situación cuando usted siguió su propio camino y no el del Espíritu? ¿Existe algún aspecto de su vida en el que usted esté aferrándose a su propio camino? ¿Qué le está diciendo el Espíritu de Dios al respecto?

Versículo clave
"Mas el fruto del Espíritu es amor, gozo, paz, paciencia, benignidad, bondad, fidelidad, mansedumbre, dominio propio; contra tales cosas no hay ley" (Gálatas 5:22–23).

Oración
Tome tiempo para compartir necesidades y peticiones para cerrar en oración. Luego hágale saber al grupo que al comenzar el tiempo de oración habrá unos minutos de silencio para dejar que los participantes tengan oración privada para tratar con cualquier cosa que el Espíritu podría estarles diciendo.

Para la próxima vez
Para prepararse para el próximo estudio y discusión, lea los capítulos 8 y 9 de *El Dios que nunca conocí*.

LA GRAN ENTRADA

(CAPÍTULOS 8 Y 9)

Introducción

Justo antes de subir al cielo, Jesús instruyó a Sus discípulos que debían esperar en Jerusalén por "la promesa del Padre…La cual, les dijo, oísteis de mí". ¿Qué era esta promesa? "seréis bautizados con el Espíritu Santo dentro de pocos días" (Hechos 1:4–5).

Así que ellos esperaron, en fe, y la historia registra que la promesa se cumplió el Día de Pentecostés. El Espíritu Santo descendió, como un viento fuerte, sobre 120 de los seguidores más cercanos de Cristo. Los testigos vieron lo que describieron como "lenguas de fuego" mientras Dios el Espíritu Santo entraba a las vidas y corazones de aquellos primeros cristianos. El Espíritu les dio poder para proclamar valientemente las buenas nuevas de Jesucristo, e incluso en idiomas extranjeros para que los visitantes internacionales de Jerusalén pudiera entender y aceptar el mensaje que transformaría al mundo. La Biblia dice que, solo ese día, más de tres mil personas creyeron en Jesucristo.

Pero eso fue entonces, y ahora estamos en otro tiempo, ¿verdad? ¿Cómo el cristiano de la actualidad recibe al Espíritu Santo junto con Su ayuda, amistad y poder para vivir?

Esta sesión, basada en los capítulos 8 y 9 de *El Dios que nunca conocí*, explora la emocionante verdad de que la experiencia de Pentecostés de "ser bautizado con el Espíritu Santo" no fue un evento único en la historia, sino que es para cada creyente, aquí y ahora.

Reflexión y discusión

1. A la luz de la descripción de Jerusalén, que hace el autor, durante la celebración de la Pascua y el Pentecostés, ¿en qué sentido fueron estratégicos el momento y las manifestaciones de la entrada del Espíritu Santo para la expansión del cristianismo?

2. Según el autor: "El domingo de Pentecostés, el derramamiento del Espíritu Santo lo cambió todo". ¿Cuáles fueron algunos de los cambios más sorprendentes que ocurrieron? ¿Por qué fueron significativos esos cambios, entonces y ahora?

3. Romanos 8:1, nos dice: "Por consiguiente, no hay ahora condenación para los que están en Cristo Jesús, los que no andan conforme a la carne sino conforme al Espíritu". ¿Qué significa para usted "andar conforme al Espíritu? ¿Qué diferencia marca (o debería marcar) Su presencia en la vida cotidiana de un creyente?

4. Después de ser lleno del Espíritu Santo, Pedro predica a las multitudes. Busque y lea en voz alta Hechos 2:38–39. ¿Cuál es el regalo que Pedro les dice a las personas que recibirán si creen en Jesucristo? ¿Era esta promesa solo para aquellos a quienes Pedro predicó ese día? Si no, ¿para quién y por cuánto tiempo es válida la promesa?

5. En base al capítulo 9, de *El Dios que nunca conocí*, *¿cómo respondería usted a alguien que* dijera que "el Pentecostés fue un evento único en la historia, que no es para los cristianos de hoy"?

6. Robert recuerda poner condiciones a su deseo de recibir la plenitud del Espíritu Santo, lo quería solo según sus propios términos. ¿Por qué supone usted que, como consecuencia, él no vio mucho cambio en su vida? ¿Cuál debiera ser la actitud de alguien que quiere recibir este don de Dios?

7. Cuando por fin él comprendió que recibimos la plenitud del Espíritu Santo incondicionalmente, por fe, Robert oró: "*Dios, confío en ti y quiero todo lo que tienes para mí. Quiero ser el siervo más eficaz que pueda ser. Quiero tener el mismo poder que tenían los discípulos en el aposento*

alto. Quiero Tus dones. Quiero Tu poder. Te quiero a ti, Espíritu de Dios". ¿Qué diferencias son evidentes entre su oración inicial y esta oración? ¿Por qué cree usted que Dios honró *esta* oración y ayudó a Robert a apropiarse de toda la presencia y poder del Espíritu Santo en su vida?

Versículo clave

"Y Pedro les dijo: Arrepentíos y sed bautizados cada uno de vosotros en el nombre de Jesucristo para perdón de vuestros pecados, y recibiréis el don del Espíritu Santo. *Porque la promesa es para vosotros y para vuestros hijos y para todos los que están lejos, para tantos como el Señor nuestro Dios llame"* (Hechos 2:38–39, énfasis añadido).

Oración

Tome tiempo para compartir necesidades y peticiones para la oración de cierre. Luego hágale saber al grupo que comenzará el tiempo de oración con unos minutos de oración en silencio para dejar que los participantes hablen con Dios.

Para la próxima vez

Para prepararse para el próximo estudio y discusión, lea los capítulos 10, 11 y 12 de *El Dios que nunca conocí.*

LA TRANSFERENCIA DE PODER

(CAPÍTULOS 10, 11, Y 12)

Introducción

La mayoría de los cristianos modernos están conscientes de la doctrina bíblica del bautismo en agua. Después de recibir a Cristo como Salvador, bautizarse con agua es un acto de obediencia a la Palabra de Dios que simboliza la muerte y entierro de nuestra vida anterior, centrada en el pecado, y nuestra apropiación de la nueva vida en Jesucristo.

Pero lo que no comprenden muchos creyentes bien intencionados, y es posible que no se lo hayan enseñado en sus iglesias, es que en realidad existen tres bautismos para el cristiano, no solamente uno. Estos tres bautismos pueden recibirse con entusiasmo porque estimulan al creyente nueva vida, consuelo, poder y dirección de nuestro Creador, Dios mismo, por medio del ministerio del Espíritu Santo.

En esta sesión examinaremos los tres bautismos, con un enfoque especial en el tercero. Muchos cristianos, incluyendo algunos líderes de la fe famosos y respetados, no estuvieron conscientes de este tercer bautismo hasta más adelante en su caminar cristiano y sus vidas nunca fueron las mismas una vez que lo aceptaron.

¿Tiene Dios un descubrimiento similar reservado para usted?

Reflexión y discusión

1. Con sus propias palabras, destaque las diferencias clave entre los tres bautismos detallados por el autor: (1) bautismo

del Espíritu Santo, (2) bautismo en agua, y (3) bautismo *en* (o *con*) el Espíritu Santo. En cada caso, ¿quién hace el bautismo? ¿Qué significa cada bautismo, y cuál es el resultado final?

2. Al principio del capítulo 11, Robert cuenta la historia del gran evangelista D.L. Moody, quien durante años de ministerio sintió que había "recibido todo lo que se podía recibir del Espíritu Santo cuando fue salvo". Pero años después, Moody experimentó un bautismo en el Espíritu Santo que cambió su vida y dio poder a su ministerio. ¿Cuál fue su reacción al leer esta historia?

3. Busque y lea en voz alta Hechos 8:12–16. ¿Qué nos dice este pasaje sobre la necesidad que tiene cada creyente de recibir el bautismo en el Espíritu Santo?

4. Con respecto a Hechos 8:12–16, Robert observa: "Observe lo que *no* dice este pasaje. No nos dice que cuando los apóstoles en Jerusalén escucharon que Samaria había recibido la Palabra de Dios, enviaron allá a Pedro y a Juan para que les dieran la bienvenida al compañerismo cristiano *porque tenían todo lo que necesitaban*. En los primeros años de mi caminar cristiano fue justo esto lo que me enseñaron. Me enseñaron que una vez que yo era salvo y me bautizaba en agua, tenía todo lo que necesitaba para vivir la vida cristiana. Claro, ahora sé que sin recibir el Espíritu Santo yo estaba viviendo una vida derrotada y sin poder, de poca eficacia para el reino de Dios". Su instrucción o experiencia previa con el bautismo, ¿fue similar a la de los creyentes de Hechos 8, D.L. Moody, y Robert? ¿Por qué supone usted que tantos cristianos no están conscientes (o son escépticos, o incluso le tienen miedo) al "tercer bautismo", el bautismo en el Espíritu Santo?

5. Robert escribe: "Moody dijo más adelante que nunca más fue el mismo después del día en que fue bautizado en el Espíritu Santo. Se dio cuenta que casi todo lo que había logrado en el ministerio antes de ese momento lo había hecho con el poder limitado de su carne. Después vio miles salvarse en avivamientos dondequiera que iba". Posiblemente no

tengamos el llamamiento al ministerio evangelístico como lo
tuvo D. L. Moody, pero ¿qué beneficios se pierde el pueblo
de Dios si el orgullo, el temor, la controversia o la confusión
les impiden abrir sus corazones a la plenitud del Espíritu
Santo? Sea tan específico como pueda.

6. En el capítulo 12 Robert señala: "Usted observará, también,
que para convertir Saray en Sara [Sarah en inglés, *NdelT*],
Dios primero tenía que quitar la *y*. Podemos aprender
mucha verdad en ese pequeño detalle. Recibir el bautismo
del Espíritu Santo requiere humildad y entrega. Las personas orgullosas y egocéntricas sencillamente no se entregan
al bautismo del Espíritu Santo". De su lectura de *El Dios
que nunca conocí* y de la Palabra de Dios, describa el corazón y la mente de alguien que no está abierto a recibir el
"tercer bautismo". En su opinión, ¿qué es lo que detiene a
esa persona para pedir esta bendición? ¿Qué cualidades del
corazón son requisitos esenciales para recibir la plenitud del
Espíritu Santo?

7. ¿Ha estado Dios hablándole con respecto a su relación con
Él por medio del Espíritu Santo? ¿Qué le ha estado diciendo?

Versículo clave

"Por tanto, dejando ya *los rudimentos de la doctrina de Cristo*, vamos
adelante a la perfección; *no echando otra vez el fundamento* del arrepentimiento de obras muertas, de la fe en Dios, *de la doctrina de bautismos*, de la imposición de manos, de la resurrección de los muertos
y del juicio eterno" (Hebreos 6:1–2, RVRs1960).

Oración

Tome tiempo para compartir necesidades y peticiones para la oración
de cierre. Luego hágale saber al grupo que comenzará el tiempo de oración con unos minutos de oración en silencio para dejar que los participantes hablen con Dios sobre lo que Él pudiera estarles revelando.

Para la próxima vez

Para prepararse para el próximo estudio y discusión, lea los capítulos
13, 14, 15 y 16 de *El Dios que nunca conocí*.

EL DADOR

(CAPÍTULOS **13, 14, 15** Y **16**)

Introducción

La Palabra de Dios enseña claramente que el Espíritu Santo da aptitudes y habilidades sobrenaturales, o "dones espirituales", a los cristianos con el objetivo de que se edifiquen unos a otros y lleven adelante el reino de Dios. Sobre eso no hay mucha discusión, pero con los años, sobre todo durante el siglo pasado, han surgido discordias con respecto a algunos de los dones específicos que se mencionan en la Palabra de Dios. Muchos cristianos creen que algunos de los dones espirituales se dieron solo para ayudar a impulsar el lanzamiento del cristianismo, mientras que muchos otros creen que todos los dones siguen operando por completo en la actualidad.

El autor de *El Dios que nunca conocí* se contaba entre el primer grupo, hasta que algunos de esos dones "temporales" se manifestaron en su propia vida. Ahora él cree, de todo corazón, que un "Dios amoroso y bueno diseñó estos dones expresamente para nuestro beneficio y nuestra bendición. ¡Qué triste que tantos de los hijos de Dios hayan rechazado estos regalos! Su rechazo entristece al Espíritu Santo y daña al cuerpo de Cristo".

Cualquiera que sea su trasfondo personal, venga a esta sesión con mente y corazón abiertos y sea amoroso y respetuoso con cualquier participante que pudiera no estar de acuerdo con usted. Los conceptos que aquí se presentan podrían confirmar lo que ya usted cree o tal vez le ayuden a ganar una mayor comprensión y aprecio por aquellos cristianos cuyas creencias difieren de las suyas.

Independientemente de su opinión sobre el tema, el mensaje triunfante de estos capítulos es que "si usted se abre por completo al Espíritu Santo, Él le dará lo que usted necesite, cuando lo necesite. Pídale que manifieste Sus dones a través de usted 'según Su voluntad' para 'el bien común'".

Reflexión y discusión

1. Cuando usted escucha la palabra *carismático* en conexión con la fe cristiana, ¿qué viene a su mente? ¿Qué diferencia establece el autor entre estereotipos culturales y el significado bíblico de este término?

2. En el idioma original del Nuevo Testamento el término *carismata* significa "regalos de gracia" sobre todo en referencia a dones espirituales dados a los creyentes por el Espíritu Santo. Con sus propias palabras, defina *don espiritual. ¿Son los dones espirituales exclusivos para los pastores, evangelistas y otros obreros cristianos?* ¿Cuál es el propósito general para el cual los cristianos reciben dichos dones?

3. Robert presenta ejemplos de lo que él llama los dones de discernimiento del Espíritu y que incluyen una palabra de conocimiento, discernimiento de espíritus y una palabra de sabiduría. Explique brevemente qué cosa es cada don, qué *no* es y cómo su uso responsable puede beneficiar a otros en el cuerpo de Cristo.

4. ¿Puede usted imaginar maneras en las que los dones espirituales anteriores pudieran usarse de manera *irresponsable* por parte de un cristiano egocéntrico? ¿Qué consecuencias negativas ve usted de ese uso erróneo?

5. En el capítulo 15, Robert trata los dones declarativos del Espíritu. Estos incluyen mensajes de ánimo, mensajes en lenguas desconocidas (llamadas comúnmente, lenguas) e interpretación de lenguajes desconocidos. Con sus palabras, explique brevemente cada uno de estos dones espirituales y cómo su uso puede edificar y beneficiar al cuerpo de Cristo.

6. Si usted no ejerce a nivel personal el don de hablar en lenguas desconocidas, ¿la manera en que el autor trata el tema

en el capítulo 15, abre su mente a la viabilidad del don para los tiempos modernos? ¿Por qué o por qué no? ¿Estaría usted dispuesto a llevar en oración, ante el Señor, esta manifestación del Espíritu en particular?

7. El capítulo 16 explora lo que Robert llama dones dinámicos del Espíritu, incluyendo la fe (confianza sobrenatural en las promesas de Dios y Su provisión), sanidades y milagros. Defina cada uno de estos dones espirituales. ¿Cómo pudiera el Espíritu Santo usar cada uno en su vida para ministrar a otros?

8. Aunque 1 Corintios 12, trata ampliamente los dones espirituales, ¿sobre qué tema habla el apóstol Pablo en su famoso discurso de 1 Corintios 13? ¿Qué mensaje importante cree usted que está dando Pablo con relación al uso de los dones espirituales?

Versículo clave

"Pues a uno le es dada palabra de sabiduría por el Espíritu; a otro, palabra de conocimiento según el mismo Espíritu; a otro, fe por el mismo Espíritu; a otro, dones de sanidad por el único Espíritu; 10 a otro, poder de milagros; a otro, profecía; a otro, discernimiento de espíritus; a otro, *diversas* clases de lenguas, y a otro, interpretación de lenguas. Pero todas estas cosas las hace uno y el mismo Espíritu, distribuyendo individualmente a cada uno según la voluntad de Él." (1 Corintios 12:8–11).

Oración

Tome tiempo para compartir necesidades y peticiones para la oración de cierre. Asegúrese de orar también para que un espíritu de amor triunfe sobre cualquier desacuerdo que pueda haber surgido durante la discusión…y que Dios aclare cualquier confusión o dudas que pudieran quedar en los corazones de los miembros del grupo.

Para la próxima vez

Para prepararse para el próximo estudio y discusión, lea los capítulos 17, 18, 19 y 20 de *El Dios que nunca conocí*.

EL LENGUAJE DE LA AMISTAD

(CAPÍTULOS 17, 18, 19, Y 20)

Introducción

No se puede negar: los dones espirituales de hablar y orar en lenguajes desconocidos han dado lugar a temor, contención y confusión entre los cristianos durante décadas. Sin lugar a duda, hay muchos cristianos amorosos, auténticos, eficaces y llenos del Espíritu en ambos bandos, y 1 Corintios 13–14, deja claro que lo que menos quiere nuestro Señor es que nos critiquemos o dividamos por estos dones.

Ya que el asunto ha creado tanta incertidumbre y confusión entre los creyentes, Robert dedica cuatro capítulos completos a examinar el tema. Al leerlos, a usted no le quedarán dudas sobre el punto de vista de Robert en cuando a estos dones espirituales. Y aunque sus puntos de vista pudieran o no coincidir con su trasfondo y creencias, creemos que usted encontrará que Robert ha hecho un gran esfuerzo por presentar y apoyar su perspectiva de una manera tranquila, justa, con amor y "escudriñando" las Escrituras con integridad.

Mientras usted procesa la presentación de Robert, pídale al Espíritu Santo que verifique o aclare Su verdad y Su voluntad para usted. Escuche Su voz con corazón y mente abiertos a lo que sea que Él pueda tener reservado.

Reflexión y discusión

1. ¿Cuál fue su reacción al escuchar la historia de Jack Hayford en el principio del capítulo 17? En su opinión, ¿respondió el

"ministro famoso" como Jesús hubiera respondido? ¿Cómo sería la respuesta de una persona más amorosa?

2. Robert escribe: "Creo que una de las tragedias más grandes de los últimos cien años de la Iglesia ha sido la manera en que Satanás, el enemigo de la Iglesia, ha tenido éxito en lograr que este don en particular sea tan controversial y ha logrado que grandes secciones del cuerpo de Cristo se rehúsen a recibir *cualquiera* de los poderes que otorga el Espíritu Santo. Lo sé porque yo era uno de ellos". Si el autor tiene razón en cuanto al papel de Satanás en este asunto, ¿por qué cree usted que Satanás se ha involucrado en semejante estrategia? ¿Está usted de acuerdo con que la controversia ha hecho que muchos creyentes se vuelvan renuentes a aceptar el ministerio del Espíritu Santo? ¿Se ha estado perdiendo usted, o alguien que usted conozca, la plenitud del Espíritu porque este asunto en particular ha sido "desagradable"?

3. Explique las diferencias clave entre el *don* de lenguas y *la gracia* de las lenguas. (Para repasar, vea el capítulo 17.)

4. Robert advierte sobre cómo algunos creyentes han desarrollado una "una obsesión rígida con 'la evidencia inicial de hablar en lenguas' como el único indicador válido de tener el bautismo del Espíritu Santo". ¿Por qué este énfasis es una interpretación errónea de la enseñanza de la Biblia? ¿Cuáles cree usted que son algunos de los peligros prácticos y espirituales de esta obsesión?

5. Busque y lea en voz alta 1 Corintios 14:4–19. Con sus palabras, resuma las instrucciones de Pablo con respecto a hablar y orar en lenguas en ambientes públicos y privados.

6. Pablo escribe en 1 Corintios 14:4: "El que habla en lenguas, a sí mismo se edifica, pero el que profetiza edifica a la iglesia". ¿Qué significa para usted el término *edifica*? ¿Está Pablo diciendo "no hablen en lenguas"? Describa el equilibrio que Pablo está proponiendo.

7. Si usted habla y/u ora en lenguas, ¿se identifica con la experiencia y consejo del autor sobre cómo recibir este don? Comparta su experiencia. Si usted no habla ni ora en lenguas, ¿qué estaba pasando por su mente y corazón mientras

leyó el relato del autor junto con los pasajes bíblicos que lo apoyan? ¿Está usted abierto a este don si Dios realmente lo tiene para usted?

8. El autor escribe: "Usted puede confiar en Él. Como nos dice Santiago: "Toda buena dádiva y todo don perfecto viene de lo alto, desciende del Padre de las luces, con el cual no hay cambio ni sombra de variación" (1:17). Si alguna vez hubo un regalo bueno y perfecto que viniera del Padre, el Espíritu Santo es ese regalo. Él es bueno. Él es perfecto". ¿Es cada don espiritual un regalo bueno y perfecto que viene de arriba? Al procesar los conceptos presentados en estos capítulos, ¿qué le está diciendo el Señor sobre Sí mismo, sobre Su Espíritu y sobre su caminar con Él?

Versículo clave

"¿Qué hay que hacer, pues, hermanos? Cuando os reunís, cada cual aporte salmo, enseñanza, revelación, lenguas o interpretación. Que todo se haga para edificación. Si alguno habla en lenguas, que hablen dos, o a lo más tres, y *por turno*, y que uno interprete; pero si no hay intérprete, que guarde silencio en la iglesia y que hable para sí y para Dios…porque Dios no es Dios de confusión, sino de paz, como en todas las iglesias de los santos" (1 Corintios 14:26–28, 33).

Oración

Tome tiempo para mencionar necesidades y peticiones para la oración de cierre. Luego hágale saber al grupo que comenzará el tiempo de oración con unos minutos de oración en silencio. Durante este tiempo anime a los participantes a poner delante del Señor cualquier pregunta, confusión o lucha con respecto al contenido de la sesión, y a confiar en Él para obtener las respuestas.

Para la próxima vez

Para prepararse para el próximo estudio y discusión, lea el capítulo 21 de *El Dios que nunca conocí* y revise los puntos clave que usted ha anotado en los capítulos del 1 al 20.

SU NUEVO MEJOR AMIGO

(CAPÍTULO 21)

Introducción

Dios el Espíritu Santo está disponible para todos los cristianos. Él procura ser su ayudador y amigo, un compañero cercano que cada día le capacita y ayuda a tomar mejores decisiones y a honrar a Dios con su vida. Él quiere ser su nuevo mejor amigo. Lo único que usted tiene que hacer es pedir, en fe, creyendo que Dios el Padre y el Hijo mantienen Sus promesas.

- Lo hacen y lo harán.
- ¡Qué regalo tan increíble! Solo pida, reciba, abra y disfrute.
- Su vida nunca será la misma.

Reflexión y discusión

1. Después de contar la historia del pobre hombre que navegó el Atlántico en un barco de vapor y dejó de comer porque no sabía que tenía derecho a las comidas, Robert escribe: "Jesús envió al Espíritu Santo como un regalo maravilloso, un regalo mejor que tener al propio Jesús con nosotros, Su presencia en nuestras vidas fue comprada completamente por Jesús en la cruz. El Espíritu Santo vino junto con todas las otras bendiciones maravillosas de la salvación, pero algunos creyentes nunca reciben ni abren el regalo. En cambio, viven vidas de cristianismo tipo queso y galletas. Se las arreglan por este mundo carentes de poder y sin las riquezas

de la presencia de Dios, se consuelan con la idea de que el cielo les espera en el más allá". ¿Conoce usted personalmente cristianos que estén viviendo de la manera en que describe el autor? Sin decir nombre, ¿qué cosa de sus vidas le indican que tal vez no han recibido ni abierto el regalo increíble de la plenitud del Espíritu Santo?

2. Jesús dice: "Pues si ustedes, que son malos, saben dar cosas buenas a sus hijos, ¡cuánto más el Padre celestial dará el Espíritu Santo a quienes se lo pidan!" (Lucas 11:13). ¿Qué nos dicen las palabras de Jesús sobre el deseo de Dios de que cada cristiano sea lleno del Espíritu Santo? Según este versículo, ¿cómo se recibe al Espíritu Santo?

3. Robert afirma: "experimentar Su poder y presencia es realmente tan sencillo como pedir y recibir. Nuestro Padre celestial recibe gozo y placer cuando da el Espíritu Santo a los que se lo pidan. Así como con la experiencia de la salvación, el bautismo en el Espíritu Santo es un regalo gratuito del Padre que usted puede recibir por fe". ¿Por qué cree usted que apropiarse de un regalo tan importante es más complicado que el simple hecho de pedir y recibir? Si usted todavía no ha recibido el bautismo en el Espíritu Santo, ¿hay algo que le impida hoy pedir a Dios y recibir este regalo gratuito y maravilloso?

4. En el capítulo 21, Robert nos recuerda varios de los beneficios y bendiciones que trae la amistad con el Espíritu Santo. Al revisar esa lista, ¿cuáles serían especialmente bienvenidos en su vida hoy? ¿Por qué?

5. Al recordar los capítulos anteriores de *El Dios que nunca conocí*, ¿qué identificaría usted como su descubrimiento más significativo sobre la persona y ministerio del Espíritu Santo? ¿Por qué son significativos para usted?

6. ¿Qué ha estado Dios diciéndole durante este estudio? ¿Existe algún aspecto de su vida en el que usted ha aprendido a confiar en Él más que antes? Como resultado de leer las Escrituras y el libro, ¿le ha animado el Espíritu Santo a dar pasos nuevos en su caminar espiritual?

Versículo clave

"Pues si ustedes, que son malos, saben dar cosas buenas a sus hijos, ¡cuánto más el Padre celestial dará el Espíritu Santo a quienes se lo pidan!" (Lucas 11:13).

Oración

Pregunte al grupo sobre necesidades y peticiones para la oración de cierre. Dígales que, como han hecho en las sesiones anteriores, los primeros minutos serán para orar en silencio de modo que los miembros del grupo puedan hablar en privado con el Señor con respecto a su relación con el Espíritu Santo.

De ahora en adelante

Ahora es tiempo de disfrutar su relación con su nuevo mejor amigo, Dios el Espíritu Santo. ¡Él está a su disposición! Camine junto a Él y deléitese en Su consejo.

Te invitamos a que visites nuestra página web donde podrás apreciar la pasión por la publicación de libros y Biblias:

www.casacreacion.com

Para vivir la Palabra